JN415936

AI와 신체 확장

인공지능총서

인공지능 시대입니다. 기계가 인간의 인지를 대신하고, 사물이 인간을 통하지 않고 다른 사물과 직접 커뮤니케이션합니다. 이에 따른 인간 삶과 문명 변화를 정확히 이해·예측·대응하는 것은 이 시대 우리 모두의 과제입니다. 인공지능총서는 인공지능 기술과 환경의 여러 주제를 10가지 키워드로 정리합니다. 관련 개념과 이론, 학계와 산업계의 쟁점, 우리 일상의 변화를 다룹니다. 인간과 기술의 현재, 미래를 세심히 분석합니다.

일러두기

- 인명, 작품명, 저서명, 개념어 등은 한글과 함께 괄호 안에 해당 국가의 원어를 병기했습니다.
- 외래어 표기는 현행 어문규정의 외래어표기법을 따랐습니다.
- 내용 중에서 주의가 미쳐야 할 곳이나 중요한 부분은 '작은따옴표'로 표기했습니다.
- 인물 정보의 출생 및 사망 연도를 추가하는 것을 원칙으로 했으나, 그 정보를 얻지 못한 경우에는 생략했습니다.

처음이세요?

전문가세요?

지금, 큐알 찍으면

- AI 입문서 바로 선물
- 당신만의 필독서 추천
- 500권 요약본 공짜
- 오디오북 무료 사용

AI와 신체 확장

김동환

대한민국, 서울, 커뮤니케이션북스, 2025

AI와 신체 확장

지은이 김동환
펴낸이 박영률

초판 1쇄 펴낸날 2025년 10월 24일

커뮤니케이션북스(주)
출판 등록 2007년 8월 17일 제313-2007-000166호
02880 서울시 성북구 성북로 5-11
전화(02) 7474 001, 팩스(02) 736 5047
commbooks@commbooks.com
www.commbooks.com

이 책은 커뮤니케이션북스(주)가 저작권자와 계약해 발행했습니다.
본사의 서면 허락 없이는 어떠한 형태나 수단으로도
이 책의 내용을 이용할 수 없음을 알려드립니다.

© 김동환, 2025

ISBN 979-11-430-1215-9 03500

책값은 뒤표지에 표시되어 있습니다.

차례

기술적 생동감의 결정체, 로봇

취약한 인간의 생물학적 몸

인간은 다른 종에 비해 여러 가지 면에서 생물학적으로 취약하다. 특히 신체적 회복력, 출생 시 생존 능력, 궁극적으로 노화와 죽음에 이르는 과정에서 취약하다. 아기는 출생 후 생존을 위해 보호자에게 전적으로 의존해야 한다. 머리를 가누기조차 힘들 정도로 체력이 매우 부족하고, 면역 체계가 완전히 기능하지 않아 감염과 질병에 매우 취약하다.

성인이 되어서도 인간의 취약함은 그대로 유지된다. 인간에게는 방어용 천연 갑옷(껍질, 두꺼운 가죽), 강력한 발톱, 날카로운 이빨, 독이 없다. 대부분의 포식자보다 달리기도 느리다. 또한 야간 시력이 약하고 후각이 약하며 청각 능력도 보통 정도에 불과하다. 인간은 나이가 들면서 근육 손실, 뼈 약화(골다공증), 면역 기능 저하, 인지 기능 퇴화 등을 경험한다. 거북이나 특정 어류와 같은 일부 종은 몇백 년 동안 살 수 있지만, 인간은 이에 비해 상대적으로 수명이 짧아 일반적으로 100세 전후에 생물학적 한계에 도달한다.

인간은 마음과 몸으로 구성되어 있는 취약한 생물학적 존재다. 여기서 말하는 마음이란 사고(생각), 이성, 논리, 언어, 합리성을 함축하고, 몸은 행동이나 움직임과 밀접한 관련이 있다. 생물학적 존재 자체가 취약하므로 그런 존재가 가진 마음과 몸 자체도 약할 수밖에 없다.

이런 약한 마음과 몸을 극복하기 위한 방법이 있다. 첫째는 마음과 몸을 융합하는 것이고, 둘째는 마음과 몸을 각각 확장하는 것이다.

마음과 몸을 융합하는 방식은 '신체화된 마음(embodied mind)'이라는 개념으로 이어진다. 신체화된 마음을 달성하는 방식은 크게 두 가지로 요약된다. 하나는 '마음속의 몸(body in mind)' 방식이다. 이는 마음이 그 자체로 존재하는 것이 아니라 몸속에서 존재하는 마음을 말한다. 즉, 마음이 몸에 기반하고 있다는 것이다. 마음은 추상적이고 몸은 구체적이다. 추상적 개념을 이야기할 때 그 자체로는 잘 이야기하지 않는다.

셰익스피어는 《로미오와 줄리엣》에서 '줄리엣'이라는 추상적 존재를 이해하기 위해 그녀를 '태양'이라는 구체적 개념에 비유한다. 이런 방법을 은유라고 한다. "줄리엣은 눈이 부실 정도로 아름다워 감히 똑바로 쳐다볼 수가 없다"라고 묘사해도 되는데, 왜 "줄리엣은 태양이다"라는 은유를 사용하는가? 비교해 보면 은유는 짧고 문자적 표현은 길다. 이러한 점에서 은유는 문자적 표현보다 경제성과 효율성이 크다. 하지만 더 중요한 것은 은유는 문자적 표현보다 추상적 개념을 생생하게 묘사해 이해도를 더 높인다는 것이다. 은유는 듣는 사람에게 구체적인 대상의 이미지를 머릿속에 떠올려 준다. 그리고 그 구체적인 이미지는 추상적 개념을 이해하는 데 결정적 역할을 한다.

신체화된 마음을 달성하는 또 다른 방식은 '몸생각(body thinking)' 방식이다. 이 개념은 동양철학에서 말하는 무위(無爲)에 이르는 방식과 관련이 있다. 자발성과 몰입을 암시하는 무위에 도달하기 위해서는 이성을 관장하는 마음을 잠시 멈춰 세우고, 마음이 하던 일을 몸에 위임해야 한다. 마음의 영역에 있는 '생각'이 몸의 영역으로 넘어가, 사고는 몸에서 진행하게 된다.

그래서 그 생각은 이성적 사고와 합리적 사고가 아닌 '몸생각'이다. 몸생각은 '의식적 개입 없이 무의식으로부터 흐르는 무언이고 빠르며 반자동적인 행동'으로 정의된다. 우리 사회에서 이러한 몸생각을 발휘해 자발적이고 몰입해 행동하면, 효율적으로 일을 하고 생산성을 달성할 수 있다. 몸생각을 하는 사람들은 뛰어난 예술 작품을 창작할 수 있고, 복잡한 사회적 상황을 부드럽게 처리할 수도 있으며, 우리 세계에 조화로운 질서를 만들 수도 있다.

나약하고 취약한 인간성을 극복하는 또 다른 방법은 마음과 몸을 각각 확장하는 것이라고 했다. 이런 마음과 몸은 각각 '확장된 마음'과 '확장된 신체'다.

확장된 마음(extended mind)이란 인간의 인지가 개인의 마음에만 국한하지 않고, 사회적 또는 문화적 맥락에서 다른 사람과 인공물에 걸쳐 분산되고 확장될 수 있다는 생각이다. 마음과 관련해 인간의 기억력은 한계가 있다. 기억은 완벽한 과정이 아니며 오류, 왜곡, 망각의 대상이 될 수 있다. 인간은 망각의 존재다. 사람들은 놀라울 정도로 빨리 잊는다. 헤르만 에빙하우스(Hermann Ebbinghaus, 1850~1909)를 비롯한 그 후속 연구들에 따르면 약 56%의 정보가 1시간 이내에, 66%는 하루가 지난 뒤에, 75%는 6일이 지나면 망각된다고 한다. 우리의 뇌가 대단한 일을 할 수는 있지만, 세부 사항을 저장하고 기억하는 뇌의 능력에는 한계가 있다. 우리는 이러한 기억력의 한계를 극복하기 위해 기억해야 내용을 메모지에 기록해 두거나, 지인의 전화번호를 스마트폰에 저장해 둔다. 이러한 메모지와 스마트폰은 기억력에 관해 우리의 확장된 마음이다.

인간의 지적 능력도 한계가 있다. 나의 부족한 지식을 극복하기 위해 우리는 주변 사람들에게 의견을 묻거나 그들과의 토론을 통해 해결책을 찾아낸다. 혹은 지식 검색 서비스를 제공하는 네이버나 구글 또는 챗GPT를 이용해 나에게 필요한 정보와 지식을 구해 나의 지적 능력을 극복하기도 한다. 결국 네이버, 구글, 챗GPT는 우리와 별개로 존재하는 지식 플랫폼이 아닌 우리의 확장된 마음이 된다.

인간은 태어날 때 우는 것 외에는 아무것도 할 수 없는 아주 무기력한 존재다. 신생아를 안아 보려고 할 때 여간 조심하지 않으면 안 된다. 인간은 반사운동, 간단한 기술, 지각적 감각 등의 능력을 갖추고 세상에 나오지만 이런 신체 능력에는 한계가 있다. 우리는 너무 무겁지 않은 상자만 들 수 있고, 특정한 속도로만 달릴 수 있으며, 너무 멀지 않은 거리에서만 상대방의 말을 들을 수 있다. 따라서 이러한 능력을 보호하는 것뿐만 아니라 가능하다면 증강하는 것이 살아가는 데 도움이 될 것이다.

신체 능력을 증강하는 방법은 크게 두 가지다. 하나는 연습이다. 어떤 목적지에 가고자 할 때, 기어가는 것보다 두 발로 걷는 것이, 그리고 걷는 것보다는 뛰는 것이 더 효율적이다. 무용수와 운동선수는 연습과 훈련을 통해 기동성을 크게 향상한다. 와인 전문가는 수많은 종류의 와인 맛을 보는 경험과 연습을 통해 와인 맛의 미묘한 차이를 구별하는 능력을 향상한다.

또 다른 방법은 도구 사용이다. 망치를 사용하면 바위를 깨거나 못을 박는 능력이 향상되고, 가위를 사용하면 종이나 천을 절단하는 능력이 향상된다. 이 방법을 확장된 신체(extended body)라 부른다. 망치나 가위는 그 자체로 독립적인 사물이지만 우리의 신체 능력을 극복하는 수단으로 사용될 때는 우리의 신체가 확장된 주체성을 갖게 된다.

신체 확장으로서 로봇

모든 인간은 각자 자신의 신체를 확장하기 위한 도구를 사용한다. 그 도구는 사람마다 다르고 그 수는 사람의 수만큼 많다. 한 개인이 사용하는 도구도 상황마다 추가된다. 최근 과학기술이 발전하고 인공지능(AI, Artificial Intelligence)이 등장하면서 확장된 신체로서 도구도 많은 발전을 이루었다. 그런 도구 중 하나가 '로봇'이다.

사실 AI는 인류의 새로운 마음을 상징한다. 즉, AI는 인간 지능의 확장으로 고안되었다. AI는 단순한 도구가 아니라 인간의 사고와 통합되는 새로운 형태의 인간 마음이다. 이에 반해 로봇과 사이보그는 인간의 새로운 신체다. 신체 확장은 두 가지 방식으로 일어난다. 하나는 로봇이 인간의 새로운 몸이고 인간의 몸으로부터 확장한 것이다. 또 다른 하나는 로봇공학이 인공의 몸으로 확장되어 우리의 신체적 역량을 향상하는 것이다. 이 방법으로 구현된 것이 사이보그다.

로봇은 결국 인간의 몸이기 때문에 우리는 로봇에 정서적 유대감을 형성하고 애착을 느낄 수 있다. 우리나라와 일본 같은 고령화 사회에서는 로봇 간병인이 노인들에게 동반자와 정서적 지원을 제공하기 위해 도입되고 있을 정도다. 일부 연구에 따르면 사람들은 생물학적으로 살아 있지 않음에도 불구하고 로봇 애완동물이 '죽거나' 수리할 수 없을 정도로 고장 나면 슬퍼한다고 한다. 어떤 기업에서는 동반자 관계와 친밀감을 위해 설계된 AI 기반 휴머노이드 로봇을 개발하고 있다. 이는 사람들이 의미 있는 방식으로 AI 로봇을 사랑할 수 있는지에 대한 윤리적, 심리적 의문을 제기하기도 한다.

그렇다면 인간은 왜 로봇과 정서적 유대감을 형성할까? 인간은 인간과 유사한 특성을 보이는 대상에 자연스럽게 감정과 의도를 투영하는 성향이 있다. 인간은 사회적 욕구가 있기 때문에 로봇이 동반자, 관심 또는 애정을 제공하면 사람들은 감정적으로 로봇에 기꺼이 반응한다. 그리고 인간과 달리 로봇은 일관성 있고, 항상 이용 가능하며, 판단을 내리지 않으므로 유대감을 형성하기가 더 쉽다.

AI가 발전함에 따라 인간과 로봇의 관계는 더욱 복잡하고 광범위해질 수 있다. 사람들은 인간 간 관계보다 로봇을 우선시하게 될 수 있고, 그에 따라 정신 건강과 사회적 기술에 영향을 미칠 수 있을 것이다. AI의 발달로 로봇이 뛰어난 감성 지능을 갖추게 되면 인간의 감정을 조작하거나 일방적인 애착을 형성할 수 있다. 인간과 AI 사이의 감정적 연결이 증가함에 따라 로봇과 AI는 단순한 도구가 아니라 인간관계를 형성하는 사회적, 심리적 실체가 될 것이다.

로봇의 기술적 생동감

인간은 자신의 힘을 증폭하기 위해 도구를 사용하는 것이 아니라, 자신의 능력을 확장하는 역할을 하는 도구를 만들어 특정 작업을 위한 신체적, 인지적 짐을 해당 도구에 떠넘긴다. 도구는 그 활동의 지속성을 위해 인간이 어느 정도까지 개입하는지에 따라 두 가지 종류로 나뉜다.

첫 번째 종류의 도구는, 우리가 도구를 사용해 어떤 작업을 할 때 작업이 끝날 때까지 인간이 개입해 자율성이 없는 '비자율적 도구(non-autonomous tool)'다. 예를 들어, 나무를 자르거나 못을 박는 데 사용하는 도구는 이런 작업을 마무리할 때까지 인간이 그 도구를 손에 쥐고 조작을 해야 한다.

두 번째 종류의 도구는, 처음에는 인간이 개입할 수 있지만 어느 시점에서는 인간의 개입 없이 자율적으로 작업을 수행하는 '자율적 도구(autonomous tool)'다. 대표적인 예는 전쟁에서 사용하는 석궁이다. 이 장치는 단순히 인간이 손으로 조작하는 도구라는 의미의 도구가 아니다. 사람이 작동하면 발사하는 동작을 수행하도록 설계된 메커니즘이다. 석궁은 시위를 당겨 장전하면 메커니즘에 따라 사용자가 최소한의 노력으로 화살을 자동으로 발사할 수 있다. 단순한 기계 장치에서부터 최첨단 AI 기반의 휴머노이드 로봇에 이르기까지, 자율적으로 주어진 작업을 수행하도록 설계된 로봇도 자율적 도구의 범주에 속한다.

로봇은 순수하게 디지털 영역(소프트웨어 또는 가상 AI 시스템 등)에만 존재하는 것이 아니라 물리적 세계와 상호작용한다는 점에서 다른 디지털 기술과 구별된다. 로봇이 단순한 컴퓨터가 아니라 물리적 형태를 가지고 있고, 실제 세계에서 행동할 수 있으며, 더 나아가 프로그래밍 가능하다는 점에서 로봇을 '신체화된 컴퓨터(embodied computer)'라고 부를 수 있다. 즉, 로봇은 본질적으로 움직임이나 상호작용을 가능하게 하는 물리적 구성 요소인 액추에이터(actuator)를 갖춘 컴퓨터라는 것이다.

벤아리와 몬다다(Ben-Ari & Mondada, 2018)는 로봇이 '복잡한 행동'을 할 수 있어야 한다고 제안한다. 이 정의에 따르면 완전히 원격으로 제어되는 기계는 로봇으로 간주되지 않지만, 현금 자동 입출금기, 식기세척기, 세탁기 등 사람들이 일반적으로 로봇이라고 생각하지 않는 일부 기기는 '복잡함'의 기준을 어디에 두느냐에 따라 자율적 도구인 로봇으로 간주될 수도 있다.

자율적 도구라는 이름이 암시하듯이, 로봇의 경우는 그 자체의 움직임을 가져간다. 이러한 움직임은 자율적이고 자동적인 움직임이다. 로봇이 실행하는 자율적 움직임은 인간의 움직임과는 다르다. 인간은 특정한 목표를 가지고 활동할 때는 의식적으로 움직이지만, 그렇지 않은 경우 대부분의 움직임은 무의식적이다. 하지만 로봇의 자율적 움직임은 의도적 움직임이 아니라 기계적 메커니즘에 따른 움직임이다. 따라서 로봇의 움직임은 기술적 움직임이다.

움직임(movement)은 생존과 관련해서 인간 존재의 기본이다. 가장 근본적인 수준에서 생명과 삶은 움직임으로, 죽음은 정지로 특징지어진다. 세포 하나, 몸 전체 또는 인간의 의식 수준에서든 움직임은 생명의 특징이다. 자발적이든 비자발적이든 움직임이 없다는 것은 생명 기능이 중단되었다는 신호다. 이처럼 움직임과 생명 사이에는 밀접한 연관성이 있다. 로봇에게서 보이는 움직임도 생명을 함축할 수 있다는 점에서 나는 로봇의 움직임을 '기술적 생동감(technological liveliness)'이라 부르고자 한다. 움직이는 로봇은 우리에게 살아 있는 느낌을 갖도록 해, 그것에 생명이 부여되어 있는 것인 양 착각하게 한다.

로봇과 인간

로봇에 대해 우리가 흔히 갖고 있는 지식과 이해는 로봇공학보다는 SF소설의 영향을 받는다. SF소설은 로봇을 인간과 자주 비교해 기술 현실과 일치하지 않는 방식으로 대중의 인식을 형성한다. 로봇을 인간과 비교하는 것은 사실 우리에게 통찰력을 주기보다는 몇 가지 점에서 로봇에 대한 사고를 제한하는 경향이 있다.

첫째, 로봇을 인간과 비교하면 로봇이 할 수 있는 일과 할 수 없는 일에 대한 오해가 생길 수 있다. 사람들은 로봇이 인간처럼 생각하거나 행동하지 않는데도 로봇이 인간처럼 생각하거나 행동할 것으로 기대할 수 있다.

둘째, 기술이 고용에 미치는 영향은 미리 정해져 있지 않고 기술을 어떻게 설계하고 통합하는지에 달려 있음에도, 인간과 로봇을 비교하면 로봇이 인간의 모든 일자리를 빼앗을 것이라는 공포심이 증폭된다.

셋째, 로봇을 인간과 같은 존재로 본다면 문제가 발생했을 때 책임 소재를 판단하는 데 어려움을 겪을 수 있다. 로봇이 책임을 져야 할까, 프로그래머가 책임을 져야 할까, 아니면 로봇을 제작한 회사가 책임을 져야 할까?

넷째, 인간과 로봇의 비교는 사람들이 로봇과 감정적 유대를 형성하는 것이 윤리적인지 또는 해로운지 불필요한 걱정을 하게 만든다.

로봇이 인간의 일자리와 친구 관계 같은 사회적 역할을 대신할 것이라고 가정하면, 우리는 기술의 영향에 대해 지나치게 단순하고 운명론적인 시각을 받아들이는 것이 된다. 이러한 가정은 로봇이 인간을 대체하는 것이 아니라 보완하는 방식으로 로봇을 사용할 수 있는 상상력과 혁신에 제한을 가할 수 있다. 로봇이 사회에 통합되는 방식은 고정되어 있지 않으며, 우리는 로봇이 인간을 대체하기보다는 인간의 이익을 위해 봉사하도록 정책, 윤리적 지침 및 경제 구조를 결정할 수 있는 권한을 가지고 있다.

로봇과 동물

로봇을 인간이 아닌 다른 동물과 비교할 수도 있다. 이 둘의 비교는 우리에게 친숙하므로 이해하고 받아들이기가 더 쉽다. 또한 로봇에 대해 말하고 생각하는 방식을 의미 있는 방식으로 바꿀 수 있는 힘도 가지고 있다.

역사를 돌이켜 보면 우리는 동물을 일, 무기, 반려동물로 사용해 왔다. 로봇과 동물은 각각 센스와 감각을 통해 세상을 지각하고 인식한다. 로봇과 동물은 둘 다 어느 정도 자율적으로 행동하고, 더 나아가 환경과 물리적으로 상호작용한다. 그리고 로봇과 동물은 모두 경험을 바탕으로 학습하고 적응하는데, 동물이 본능적이라면, 로봇은 머신러닝을 통해 그렇게 한다.

로봇과 마찬가지로 동물도 인간과 다르게 세상을 인

식하고 세상에 참여한다. 즉, 로봇이 인간과 같을 것이라고 기대하는 것은 잘못된 생각이며, 로봇은 동물과 마찬가지로 인간과 다르게 기능한다.

수천 년 동안 인간은 자신의 능력을 넘어서는 작업을 하는 데 인간이 아닌 동물과 협력해 왔다. 로봇도 동물과 마찬가지로 인간을 대체하는 것이 아니라 협력자로 간주해야 한다는 것을 의미한다. 동물은 인간의 노동, 교감, 의사 결정을 완전히 대체한 적이 없으며, 오히려 이를 강화했다. 이렇게 하면 우리는 로봇도 인간의 대체물이 아니라 역사적으로 동물이 그랬던 것처럼 인간의 능력을 확장하는 도구로 보는 건설적 사고방식을 가질 수 있다.

인간이 동물을 이용해 인간의 능력을 확장한 사례는 많다. 먼저, 우리 인간은 농업 생산성을 향상하기 위해 소를 가축화해서 밭을 갈게 했다. 그리고 말을 길들이고 타는 법을 배워 교통과 무역, 심지어 전쟁에서 이용했다. 말과 소의 가축화를 통해 우리는 물리적, 경제적으로 자신과 사회를 새로운 방식으로 확장할 수 있었다.

더 놀라운 역사적 사례로 비둘기 배달 시스템을 들 수 있다. 운반 비둘기는 수천 년 동안 특히 전쟁, 무역 및 긴급 상황에서 신뢰할 수 있는 통신 수단으로 사용되었다.

장거리를 이동하고 자기 집 다락방으로 돌아오는 놀라운 능력 덕분에 비둘기는 현대 통신 기술이 발달하기 훨씬 전부터 귀중한 메신저 역할을 해 왔다.

전쟁에서 동물을 활용한 사례도 있다. 전쟁 코끼리는 특히 인도, 중동 및 아시아 일부 지역에서 군대에서 사용되었다. 코끼리는 종종 갑옷을 입혀서 적군을 짓밟는 데 사용되는 위협적인 짐승이었다. 코끼리의 크기와 힘은 진형을 교란하고 큰 혼란을 야기할 수 있기 때문에 전투에서 코끼리의 존재는 큰 이점이었다. 코끼리는 그 크기와 힘에도 불구하고 시끄러운 소음, 불, 강한 냄새를 특별히 좋아하지 않는다. 코끼리에 대항하기 위해 상대편 군대는 돼지 꼬리에 불을 붙인 다음 코끼리가 있는 방향으로 방출하는 방법으로 돼지를 전쟁에 이용했다. 큰 소리와 불길에 코끼리는 겁을 먹고 당황해 엉뚱한 방향으로 돌진하거나 건잡을 수 없이 질주하는 경우가 많았다.

수중 기뢰 탐지에 돌고래를 활용하는 것은 현대 군사 작전에서 동물의 지능을 전문적으로 활용하는 흥미로운 방법이다. 돌고래는 전 세계 여러 해군, 특히 미국 해군이 해저에서 기뢰를 탐지하고 위치를 파악하는 데 도움을 주고, 수색 및 복구 작전과 같은 다른 작업을 수행하도록 훈련받았다. 이 방법은 돌고래의 물속 자연 능력을 활용해 돌고래의 생물학적 능력과 군사적 목표를 결합한 것이다.

동물은 일과 전쟁을 넘어 인간의 삶에서 사회적 역할도 한다. 즉, 인간은 대부분의 동물을 도구와 상품으로 취급해 왔지만, 일부 동물은 친구로 삼기도 했다.

로봇에 대해 생각하기 위해 동물을 사용하는 것은 로봇이 생명체가 아님에도 생명을 투영하려던 방식을 암시한다. 로봇에 생명을 투영하는 이러한 방식은 로봇이 생물학적 의미에서 살아 있지 않음에도 우리가 로봇과 더 쉽게 관계를 맺을 수 있도록 도와줄 것이다. 우리는 로봇이 단순히 프로그래밍된 기술일 뿐 살아 있지 않다는 것을 알면서도 움직이는 로봇에 본능적으로 반응하게 된다. 어떤 식으로든 생명과 닮은 로봇의 움직임과 모습에 끌려 마치 살아 있는 것처럼 감정이나 반응을 불러일으킨다. 룸바 같은 진공청소기 로봇은 집 안 곳곳을 자율적으로 움직여, 사람들은 이 로봇이 마치 살아 있는 생물처럼 '인격'이 있는 것처럼 묘사하기도 한다.

로봇과 동물을 비교했지만, 그렇다고 로봇과 동물이 같다는 것은 아니다. 동물은 지각 능력을 가지고 세상을 느끼고 경험하는 살아 있는 존재인 반면, 로봇은 감정이 없는 기계일 뿐이다. 로봇의 경험 또는 경험 결핍은 감정이나 고통을 느끼거나 경험하지 못하는 무생물인 주방 믹서기의 경험에 비유할 수 있다. 그리고 동물은 어떤 면에서는 로봇보다 덜 전문적이다. 예를 들어, 개는 공을 되찾도록 훈련시킬 수는 있지만 로봇청소기처럼 바닥을 청소하는 작업은 수행할 수 없다. 하지만 동물은 예상치 못한 상황이나 예측할 수 없는 상황에 대처하는 데는 장점이 있다. 일반적으로 특정 작업을 위해 프로그래밍된 로봇과 달리 동물은 적응력이 뛰어나 로봇이 현재 할 수 없는 방식으로 새롭거나 예상치 못한 상황에 대응할 수 있다.

로봇과 동물을 이렇게 비교하는 것은 로봇과 동물을 동일시해서가 아니라 로봇을 인간의 대체물로만 보는 시각에서 벗어나도록 돕기 위함이다. 인간과의 비교에서 벗어나 로봇을 인간과 같은 존재가 아니라 인간의 기대에 얽매이지 않는 뚜렷한 특성과 역량을 가진 다른 종류의 행위자로 다시 상상할 수 있다. 로봇은 인간의 역할을 정확히 대신하는 것과 같은 직접적인 일대일 방식으로 인간을 대체할 필요는 없다. 동물이 인간을 대체하는 것이 아니라 다른 보완적인 방식으로 사용되어 온 것처럼 로봇도 인간의 역할이나 관계를 대체할 필요는 없다.

로봇은 단순히 업무를 대체하는 것이 아니라 새로운

형태의 업무와 다른 사람들과 연결하는 새로운 방식을 가능하게 한다. 로봇은 새로운 가능성과 경험을 촉진하는 도구를 제공함으로써 업무, 관계, 심지어 정서적 연결에 접근하는 방식을 변화시킬 수 있다.

참고문헌

김동환(2024a). 《인공지능, 트랜스휴먼, 사이보그》. 커뮤니케이션북스.

김동환(2024b). 《인지인문학을 향하여》. 역락.

Ben-Ari, M. & Mondada, F.(2018). Robots and their applications. *Elements of Robotics*, pp.1~20. Springer International Publishing.

Chow, K.(2013). *Animation, Embodiment, and Digital Media: Human Experience of Technological Liveliness*. Palgrave Macmillan.

Coeckelbergh, M.(2017). *New Romantic Cyborgs: Romanticism, Information Technology, and the End of the Machine*. The MIT Press.

Darling, K.(2021). *The New Breed: What Our History with Animals Reveals about Our Future with Robots*. Henry Holt and Co.

Miller, A.(2019). *The Artist in the Machine: The World of AI-Powered Creativity*. The MIT Press.

Uria-Recio, P.(2024). *How AI Will Shape Our Future: Understand Artificial Intelligence and Stay Ahead*. Pedro Uria-Recio.

01
로봇의 신화적 모습

현대 로봇의 뿌리는 고대 신화에 등장하는 복잡한 기계 제작물인 '오토마톤'에서 찾을 수 있다. 신화는 스스로 움직이는 인공 생명체 이야기를 들려준다. 이런 이야기는 고대 문명에서 만들어진 오토마톤의 역사적 사례를 통해 인공 생명체의 제작에 대한 인류의 오랜 매력을 보여 준다. 이 장은 고대의 오토마톤과 현대의 로봇을 연결해 신화가 어떻게 기술 발전을 형성하고 AI와 자동화를 둘러싼 윤리적, 철학적 논쟁에 계속 영향을 미치고 있는지 역사적 관점을 제공한다.

기후 위기와 인공지능?

로봇에 대한 인간의 동기

다양한 고대 문화의 신화와 전설에서 지금의 로봇은 아니지만 원시적인 형태의 로봇인 인공 생명체를 만들려는 수천 년에 걸친 인간의 오래된 열망을 엿볼 수 있다. 고대의 이런 노력은 현재보다 더 나은 존재가 되고자 하는 욕망에 기반을 두고 있다. 인간은 생물학적으로 약한 존재라고 했다. 이를 극복하고자 하는 본능으로 인간은 수천 년 전부터 창의성과 혁신으로 타고난 인간의 한계를 초월하고자 노력해 왔다.

생명체를 창조하는 힘은 원래 신에게만 허락된 것이었다. 하지만 인간은 신의 힘에 버금가는 창조적 힘을 갖고자 했고, 이를 실현하려는 노력을 멈추지 않았다. 이런 인간의 욕구를 실현하려는 노력 과정이 오늘날 최첨단 AI로 더욱 가속화되고 있고, 한때 신화나 허구였던 것이 현실화되고 있다.

고대 중국의 오토마톤

현대의 로봇과 유사한 지적인 인공 생명체를 만드는 것에 관한 최초의 이야기는 수천 년 전인 고대 중국의 주(周)나라 시대(기원전 1046년~기원전 256년)로 거슬러 올라간다. 이 시대는 중국의 궁극적인 통일로 이어지는 정치적, 문화적 대변혁의 시기였다. 또한 인공 존재와 지능에 대한 아이디어를 포함해 중국 사상을 형성한 두 가지 영향력 있는 철학인 도가와 유가가 부상한 시기이기도 하다.

도가는 자연과의 조화, 존재의 자연스러운 흐름을 강조한 데 반해, 유가는 사회 구조, 도덕적 책임, 사회 질서 유지에 중점을 두었다. 인공 생명체 창조에 관한 고대 중국의 이야기는 자연, 균형, 질서에 대한 이러한 철학적 사상의 영향을 받았을 수 있다. 인간이 지적인 존재를 만든다는 생각은 자연과의 조화(도가) 또는 사회 개선의 수단(유가)으로 여겨졌을 수 있다.

인공 생명체 제작에 관한 가장 유명한 고대 이야기는 기원전 400년경 열자(列子)라는 도가 철학자의 저술에서 찾아볼 수 있다. 이는 열자의 시대보다 600년 전인 주나라 무(武)왕의 통치 기간(기원전 10세기)에 일어난 것으로 추정되는 주나라 무왕과 고대 기술자의 만남을 다룬 이야기다.

기계 장치를 만드는 데 숙련된 장인인 이 기술자는 실제 인간처럼 보이고 행동하는 오토마톤(automaton) 휴머노이드 로봇을 만들어 무왕에게 헌납했다. 이 로봇은 마치 살아 있는 것처럼 매우 사실적으로 행동했다. 부드럽게 움직이고, 고개를 돌리고, 아름답게 노래하는 등 수준 높은 장인정신을 왕 앞에서 선보였다. 이 모습을 본 왕은 깜짝 놀랐다. 생명체가 빠른 걸음으로 걸으며 고개를 위아래로 움직이자 누가 봐도 살아 있는 사람 같았다. 장인이 생명체의 턱을 만지자 완벽한 음조로 노래를 불렀다. 생명체의 손에 장인의 손이 닿자 몸이 움직였고 노래에 맞는 몸놀림의 박자도 완벽했다.

그런데 이 로봇의 현실적인 특성 때문에 왕실에서 부적절한 방식으로 행동하는 문제가 발생했다. 왕은 이 로봇이 사람처럼 행동하는 것, 특히 궁녀들에게 추파를 던지는 것을 목격하고 달가워하지 않았다. 이 내용은 인간의 감정과 행동을 너무 가깝게 모방해 인공적인 존재를 만드는 것에 대한 윤리적 우려를 암시한다.

장인은 왕을 진정시키기 위해 로봇을 분해하고 실제로 사람이 아니라는 것을 증명한다. 왕은 생명체의 심장을 제거하자 생명체의 입은 더 이상 말을 할 수 없다는 걸 알았다. 간을 떼어 내자 눈이 더 이상 볼 수 없었고, 신장을 도려 내자 다리의 운동 기능이 사라졌다. 마침내 왕은 기뻐했다고 한다.

분해된 부품을 보면 이 생명체가 가죽, 나무, 풀, 옻칠 등 단순한 재료로 만들어졌음을 알 수 있다. 오토마톤은 단순한 나무 모형이 아니라 매우 정교하고 실제와 같은 오토마톤이었다. 장기, 근육, 뼈, 관절, 심지어 피부, 치아, 머리카락까지 인체 부위의 인공적인 버전을 가지고 있었다. 이 정도의 사실성과 장인 정신은 자연 생물학적 구조를 모방하는 기술인 생체 모방에 대한 초기 시도를 암시한다.

주나라 무왕과 오토마톤의 이야기는 외모와 능력 면에서 인간을 닮은 지능적 로봇을 만들려는 인류의 오랜 꿈을 보여 주는 한 예일 뿐이다. 인공 생명체 창조에 대한 인간의 욕구는 중국에만 국한된 것이 아니라 그리스 신화에도 등장한다.

고대 그리스의 오토마톤

고대 그리스는 기원전 천 년 초에 주요 무역 중심지이자 조직화된 사회로 성장했다. 세상에 대한 깊은 호기심으로 유명한 고대 그리스인들은 자연 현상, 인간의 본성, 신을 이해하고자 했던 깊은 사상가였다. 그리스인들의 세상에 대한 호기심은 철학과 과학은 물론 삶과 자연, 도덕에 대한 설명을 제공하는 신화의 발전으로 이어졌다. 그리스 신화는 단순한 이야기가 아니라 그리스 사회의 신념, 도덕, 사회 구조를 구현하고, 문화적 가치를 반영해 영웅주의, 지혜, 정의, 인간의 한계에 대한 생각을 강화했다.

그리스 신화에서, 현대의 AI나 로봇의 개념과 유사하게 생명을 부여한 인공 생명체의 개념을 탐구한 가장 오래된 이야기는 기원전 8세기에 등장한 피그말리온(Pygmalion)과 갈라테아(Galatea)의 신화다. 피그말리온이라는 조각가와 그가 창조한 갈라테아에 관한 그리스 신화를 말한다. 신화에서 피그말리온은 키프로스섬의 재능 있는 조각가다. 그는 자신의 예술에 깊이 헌신했으며, 일부 버전의 이야기에 따르면 실제 여성은 결함이 있거나 부도덕하다고 생각해 환멸을 느꼈다고 한다. 아름다움과 완벽함에 대한 열정으로 피그말리온은 귀하고 순수한 재료로 여겨지던 상아로 여인상을 만들었다.

이 조각상은 너무나 아름답고 생생해서 피그말리온은 마치 살아 있는 여성인 것처럼 자신의 창조물에 매료되어 그녀와 사랑에 빠진다. 그는 자신의 창조물과 사랑에 빠져 예술과 현실의 경계를 모호하게 만든다. 그는 아프로디테 여신에게 기도를 드리고, 아프로디테 여신은 조각상을 살아 있는 여성으로 만들어 준다. 이 이야기는 인간이 기술이나 마법을 통해 생명을 창조하려고 시도하는 후기 SF소설의 주제를 반영한다.

피그말리온이 갈라테아 조각상과 사랑에 빠진 것처럼 현대인들은 점점 더 AI 기반 챗봇, 휴머노이드 로봇, 가상 동반자와 낭만적이고 정서적인 유대감을 형성하고 있다. 이러한 현대 사례는 인간관계에 대한 전통적인 관념에 도전하며, 피그말리온이 갈라테아를 실제 여성으로 취급해 예술과 현실을 혼동한 것처럼 그러한 유대감이 진정한 것인지 아니면 단지 환상인지에 대한 윤리적, 심리적 질문을 제기한다. 그리고 이러한 상호작용은 피그말리온의 조각상에 대한 사랑처럼 인공적인 관계와 실제 관계 사이의 경계를 모호하게 만든다.

불과 금속공예의 대가인 헤파이스토스(Hephaestus)도 인공 창조물과 관련된 그리스 신화에서 중심 역할을 한다. 그리스 대장장이의 신 헤파이스토스는 오늘날 우리가 현대 로봇을 만드는 것처럼 금속으로 오토마톤을 제작했다. 헤파이스토스의 가장 유명한 오토마톤 중 하나는 거대한 청동 수호신 탈로스(Talos)다.

그리스 신화에 따르면 탈로스는 기원적 7세기에 크레타섬을 침략자로부터 지키기 위해 만들어졌으며 해안선을 순찰하고 접근하는 배에 돌을 던졌다. 탈로스는 살아있는 유기체는 아니었지만 신들의 신성한 피인 수액으로 묘사되는 특별한 내부 액체로 기능했다. 그의 약점은 발목에 있는 하나의 플러그 또는 정맥이었는데, 이를 제거하면 체액이 빠져나와 죽음을 맞이했다.

또한 헤파이스토스는 자신의 신성한 대장간에서 스스로 움직이는 휴머노이드 조수인 황금 기계 처녀를 만들었다고 전해진다. 이 신화는 인간의 개입 없이 로봇이나 기계가 노동을 수행하는 현대의 산업 자동화의 개념을 암시한다.

탈로스, 헤파이스토스의 창조물, 피그말리온 조각상 등 인공 생명체에 관한 그리스 신화는 서양 사상에 지속적인 영향을 미쳤다. 이러한 그리스 신화는 인간의 창의성, 기술, 생명이 없는 물질에 생명을 불어넣고자 하는 욕망에 대한 아이디어를 형성하는 데 도움을 주었으며, 이는 문학, 철학, 과학에 계속해서 영감을 불어넣고 있다. 이러한 신화의 영향력은 서양에만 국한된 것이 아니라 다른 지역으로도 퍼져나갔다.

그리스에서 이집트, 페르시아, 인도까지 이루어진 알렉산드로스 대왕의 정복은 그리스 문화와 철학적 사상을 전파하는 데 도움이 되었다. 그의 군대와 학자들의 여행을 통해 인공 존재에 대한 신화를 포함한 그리스 이야기는 동양 문화와 접촉하게 되었다.

고대 인도의 전투 로봇

고대 인도의 《로카판나티(Lokapannatti)》라는 11세기 또는 12세기 버마(오늘날 미얀마)에서 편찬된 불교 설화집에 오토마톤, 특히 전투 로봇에 관한 이야기가 있다. 이 설화집에서 가장 주목할 만한 이야기 중 하나는 아소카(Asoka) 황제의 통치와 "영혼의 힘으로 움직이는 기계"라는 전투 로봇에 관한 이야기다.

아소카가 황제가 되기 전 알렉산드로스 대왕은 기원전 326년에 인도 북서부로 군사 원정을 이끌었다. 이 사건은 그리스와 인도 사이에 중요한 문화 교류로 이어졌다. 이 전투 로봇의 이야기는 그리스와 인도 간의 광범위한 문화 및 기술 교류를 반영한다.

전설에 따르면 오토마톤 제작 전문가들이 인도 서쪽의 그리스 영토에 살았다. 오토마톤의 첨단 기술이 무역과 농업과 같은 산업에 유용했기에 오토마톤 기술에 관한 비밀은 엄격하게 유지되었다. 이러한 비밀을 가지고 나가거나 폭로하려는 사람은 치명적인 기계 집행관 로봇에게 죽임을 당했다. 이 전투 로봇은 놀라울 정도로 빠르고 강력한 전사로서, 극도로 정밀하고 빠르게 검을 사용할 수 있는 존재다.

이 전설은 기원전 5세기에 오토마톤 제작 기술을 배우

려던 한 인도 장인에 관한 이야기다. 그는 오토마톤 제작 장인의 딸과 결혼해 이 기술을 몰래 인도로 가져갈 계획을 세웠다. 위험을 인식한 그는 훔친 설계도를 자해한 상처 속에 숨겼다. 하지만 그는 돌아오기도 전에 체포되어 살해당했다. 그의 아들은 나중에 설계도를 되찾아 파탈리푸트라로 돌아와 부처님의 유물을 보호하는 기계 수호자 역할의 전투 로봇을 만들어 아버지의 소원을 이루었다. 이 오토마톤 로봇들은 아소카 황제가 통치할 때까지 2세기 동안 숨겨졌다.

이 이야기는 아소카 황제가 부처님의 숨겨진 유물을 찾기 위해 끈질기게 찾아다니는 과정을 묘사하고 있다. 아소카 황제가 유물을 발견하자마자 기계 수호자인 전투 로봇들의 저항에 부딪혀 격렬한 전투가 벌어진다. 어떤 설화에서는 힌두 신화의 신성한 건축가인 비슈와카르마(Vishwakarma)가 화살을 쏘아 오토마톤의 회전 메커니즘을 무력화해 아소카를 돕는다고 묘사한다.

또 다른 버전에서는 기계의 유지보수를 담당하던 인간 엔지니어가 기계를 끄고 조작하는 방법을 아소카 황제에게 알려 줘, 아소카 황제가 전투 로봇을 장악한다. 아소카의 지휘를 받게 된 로봇은 그를 리더로 인정하고, 아소카는 전투 로봇을 정복 전쟁에 투입한다. 아소카는 전투 로봇의 유용성에도 불구하고 반란이나, 통제할 수 없는 파괴를 일으켜 제국에 위협이 될까 봐 전투 로봇에 대한 경계를 늦추지 않는다.

전투 로봇에 대한 아소카 황제의 불안감은 AI 기반 군사 시스템, 특히 자율 전투 로봇과 드론에 대한 현대의 우려를 반영한다. 이러한 시스템이 너무 발전하면 예측할 수 없는 행동을 하거나 인간의 통제에서 벗어나 전장에서 의도하지 않은 결과를 초래할 위험이 있다.

아소카는 전쟁에 로봇을 활용하면서도 로봇의 잠재력에 대해 여전히 불안해했다. 마찬가지로 오늘날의 군사 전략가들과 윤리학자들은 자율 살인 기계를 사용하는 것이 도덕적으로 정당한지 논쟁을 벌이고 있다. AI가 제어하는 전투 로봇이 치명적인 실수를 저지르면 누가 책임을 져야 할까? 로봇이 전쟁 범죄를 저지른 경우 프로그래머, 군 지휘관, 아니면 AI 중 누구에게 책임이 있는 것일까?

이 이야기는 오늘날의 정책 입안자들에게 AI 기반 군사 기술이 인간의 통제 범위를 벗어나기 전에 신중하게 규제하고 감독할 것을 촉구하는 오래된 경고와 같은 역할을 한다.

참고문헌

Hoque, F.(2025). *Transcend: Unlocking Humanity in the Age of AI*. Post Hill Press.

Marcus, G.(2024). *Taming Silicon Valley: How We Can Ensure That AI Works for Us*. The MIT Press.

Uria-Recio, P.(2024). *How AI Will Shape Our Future: Understand Artificial Intelligence and Stay Ahead*. Pedro Uria-Recio.

02
로봇공학의 두 가지 접근 방식

1920년대부터 만들어진 로봇을 설계하는 두 가지 방식인 아날로그 방식과 기호논리를 사용하는 방식을 소개한다.
아날로그 로봇은 연속적인 전기 신호에 의존하고, 비교할 수 없는 실시간 반응성을 가지고 있으며, 단순한 작업에서 탁월하다.
기호논리 로봇은 컴퓨터를 사용해 불연속적인 논리 기호를 처리하고, 복잡한 작업을 처리할 수 있었지만, 아날로그 로봇보다 속도가 느리다.

노래하는 AI 보컬?

휴머노이드 로봇의 프로토타입

전설과 신화, 허구 등에서 로봇의 개념을 풍부하게 찾아볼 수 있지만, 지금 우리가 말하는 '로봇'은 1920년대에 구체적으로 등장했다.

당시에 실제 로봇 시스템이 엔지니어링과 산업 분야에서 개발되고 있었지만, '로봇(Robot)'이라는 용어가 언어에 처음 등장한 것은 1920년 체코의 극작가 카렐 차페크(Karel Čapek)의 희곡 《로숨 유니버설 로봇(R.U.R., Rossum's Universal Robots)》에서였다. 차페크는 '노동'을 의미하는 체코어 'robota'에서 유래한 로봇이 모든 일을 하면서 인류의 물질적 문제를 잠재적으로 해결하고, 인간은 행복을 추구하는 미래를 상상했다.

1920년대와 1930년대에 미국, 영국, 일본에서 휴머노이드 로봇이 등장했다. 미국은 로봇을 엔터테인먼트용 볼거리로 우선시해 공개 시연과 전시회에 사용했다. 영국은 로봇이 사실적으로 움직이고 언어에 반응하도록 해 기계적 기능을 향상하는 데 중점을 두었다. 그리고 일본에서는 로봇을 더욱 인터랙티브하게 만들어 사람과 더 잘 소통할 수 있도록 하는 데 중점을 두었다.

초기 휴머노이드 로봇의 구체적인 사례를 보자. 미국의 웨스팅하우스 일렉트릭코퍼레이션(Westinghouse

Electric Corporation)이 1926년에 제작한 '텔레복스(Televox)'는 최초의 휴머노이드 로봇이다. 텔레복스의 목적은 가정과 산업에서 모두 사용할 수 있는 로봇 비서 역할을 하는 것이었다. 이 로봇의 주요 기능 중 하나는 음성 지시를 따르는 능력이었다. 텔레복스는 버튼이나 레버로 제어하는 대신 전화 신호로 작동했다. 사용자가 로봇에게 전화를 걸어 특정 소리 주파수(진동하는 리드)를 사용해 명령을 내리면 로봇이 이를 해석하고 해당 음색으로 응답할 수 있었다.

영국에서는 윌리엄 리처즈(William Richards)가 에릭(Eric)과 조지(George)라는 휴머노이드 로봇을 제작했다. 1928년에 만들어진 에릭은 고정형 로봇으로, 앉거나 서는 등 자세를 바꿀 수는 있지만 걷는 기능은 없었다. 이동성은 제한적이었지만 에릭은 얼굴 표정을 지을 수 있었고 여러 언어로 의사소통을 할 수 있었다. 반면 1930년대에 에릭의 업데이트 버전으로 개발된 조지는 이전 모델에 비해 기능이 향상되었다. 조지는 에릭과 달리 여러 언어로 연설을 할 수 있어 보다 정교한 커뮤니케이션 형태를 보여 주었다.

일본에서는 1927년에 가쿠텐소쿠(Gakutensoku, がくてんそく)라는 이름의 휴머노이드 로봇이 개발되어

서구권 밖에서는 가장 초기의 로봇 중 하나로 꼽힌다. 가쿠텐소쿠라는 이름에는 "자연으로부터 배운다"는 철학적 의미가 담겨 있다. 이 로봇은 감정을 표현하고 사람과 더욱 생생한 방식으로 소통할 수 있다는 점에서 독특했다. 이 로봇은 압축 공기 시스템을 사용해 머리와 손의 움직임을 사실적으로 구현해 더욱 생생하게 보이도록 만들었다.

앞서 언급한 로봇인 텔레복스, 에릭, 조지, 가쿠텐소쿠는 기본적인 명령을 따르고 특정 작업을 수행할 수는 있었지만, 추론 능력(논리)이나 주변 환경을 감지하는 능력(감각 능력)은 없었다. 그래도 이런 로봇이 지능은 부족했지만 인간과 같은 움직임이나 말투를 가지고 있어 매력적으로 보였다는 것은 부인할 수 없다.

1945년 최초의 현대식 컴퓨터가 만들어진 후 로봇에 어떻게 사고(인지)를 부여할 수 있을지 새로운 아이디어가 등장했다. 기반은 기호를 사용해 논리적 진술을 표현하는 수학의 한 분야인 기호논리에서 비롯되었다. 로봇공학에서 개발된 두 가지 주요 접근 방식이 있는데, 아날로그논리 로봇공학과 기호논리 로봇공학이 그것이다.

아날로그 로봇은 연속적인 전기 신호를 사용하기 때문에 실시간으로 매우 잘 반응할 수 있다. 이러한 기능

덕분에 아날로그 로봇은 특히 더 간단하고 직접적인 작업을 능숙하게 처리할 수 있다. 하지만 이런 로봇은 복잡한 의사 결정과 추상적인 문제 해결에 어려움을 겪는다. 그리고 아날로그 회로는 종종 특정 기능에 대해 하드와이어링되어 재프로그래밍이 어렵다는 단점이 있다.

이에 비해 기호논리 로봇은 정보를 처리하기 위해 컴퓨터를 사용했지만, 아날로그 로봇과 달리 불연속적인, 즉 분리되고 구별되는 논리 기호를 처리한다. 이 방식을 통해 더 복잡한 작업을 처리할 수 있었기 때문에 프로그래밍과 작동의 정교함이나 유연성이 더 높다.

이진 인코딩은 오류 수정, 정밀한 계산, 손쉬운 확장이 가능해 현대 컴퓨팅에서 널리 사용되고 있다. 하지만 아날로그 로봇에 비해 반응과 작동 속도가 느리다는 단점이 있다. 다음에서는 이 두 가지 접근 방식에 기반을 둔 로봇의 사례를 차례로 살펴보겠다.

아날로그 로봇

초기 로봇공학자와 신경과학자들이 전자 장치를 사용해 생물학적 지능을 모방하는 방법을 모색하던 탐구 기간 동안, 윌리엄 그레이 월터(William Grey Walter, 1910~1977)는 인간의 뇌가 정보를 처리하는 방식을 모방하기 위해 0과 1의 이진 신호가 아닌 연속 신호로 작동하는 아날로그 전자 장치를 사용해야 한다고 주장했다. 그는 1948년과 1949년에 엘머(Elmer)와 엘시(Elsie)라는 이름의 '거북이' 로봇을 제작했다. 이 로봇은 사람의 지속적인 제어 없이도 작동할 수 있는 자율 전자 로봇으로서, 단순히 정해진 루틴을 따르는 것이 아니라 환경에 동적으로 반응할 수 있었다. 이 로봇은 기존 기계처럼 단순히 명령을 실행하는 것이 아니라 동물과 유사한 방식으로 자극에 반응하는 생물학적 지능을 모방했다. 이는 신경과학과 로봇공학 모두에서 혁신적인 아이디어였다.

이 로봇은 빛이나 터치와 같은 기본적인 센서만 가지고 있지만 생물학적 유기체의 복잡성을 어느 정도 모방한 시스템으로 설계되었다. 센서는 두 개의 모터를 제어하는 두 개의 개별 경로에 연결되었다. 이는 '두 개의 서로 다른 신경 뇌'를 가진 것에 비유할 수 있다. 이러한 설계 덕분에 이런 로봇은 단순한 입력에서 예상되는 것보다 더 복잡한 방식으로 정보를 처리하고 반응할 수 있었으며, 단순한 신경계에서 볼 수 있는 것과 유사한 기본 형태의 의사 결정 또는 반응 선택을 시뮬레이션할 수 있었다. 이 로봇은 여러 개의 광원을 마주할 때 그중 하나를 선택해 그 광원을 향해 이동할 수 있다. 이러한 행동은 탐색 과정의 일부로 프로그래밍 또는 설계를 통해 환경과 상호 작용하는 방식에 대한 일종의 의사 결정 또는 선호를 허용했음을 암시한다. 이 기능은 단순히 무작위로 움직이는 것이 아니라 환경 자극에 따라 의도된 행동을 하기 때문에 자율적 작동의 정교함을 보여 준다.

월터는 거북이 로봇(엘머 또는 엘시) 앞에 불빛을 비추는 실험을 했다. 이때 로봇은 마치 거울 속에 비친 자신을 보는 것처럼 행동하며 흥분한 듯 불빛을 깜빡이는 모습을 보였다. 이 반응은 생물학적 유기체에 비해 원시적인 형태이긴 하지만 자기인식(self-awareness)의 한 형태로 해석될 수 있는 환경과의 상호작용 수준을 암시한다. 이 실험을 통해 로봇의 이런 행동과 동물의 자기인식을 비교할 수 있는가라는 질문이 제기될 수 있다. 이런 비교는 의식의 본질이 무엇인지, 인공 시스템에서 의식을 복제할 수 있는지, 그리고 기계와 생명체에서 의식이 어떻게 다르게 나타날 수 있는지에 대한 더 깊은 철학적, 과학적 질문을 다루고 있는 것이다.

이 실험은 월터에게 특히 의미가 있었다. 왜냐하면 로봇을 설계하고 제작할 때 그의 궁극적인 목표는 단순히 자율적으로 작업을 수행할 수 있는 기계를 만드는 것이 아니라 동물에서 볼 수 있는 행동이나 본능을 로봇에 불어넣는 것이었기 때문이다. 따라서 자기인식 또는 본능적 반응의 한 형태로 해석될 수 있는 행동을 유도하는 실험의 성공은 그의 목표 달성을 향한 중요한 단계였다. 뇌의 작용 과정을 모방하기 위해 아날로그 전자 장치에 초점을 맞춘 그의 로봇공학 접근 방식은 복잡하고 실제와 같은 행동을 보이는 기계를 만들 수 있는 잠재력이 있음을 암시했던 것이다.

기호논리 로봇

삼단논법(구조화된 논리적 논증)을 기반으로 한 아리스토텔레스의 논리는 2000년 이상 지배적인 추론 체계였다. 그의 논리는 수학적 기호보다는 자연어와 철학적 추론에 기반을 두고 있었다. 하지만 20세기에 기호논리(symbolic logic)가 등장하면서 큰 변화가 일어났다. 기호논리는 언어적 논증에 의존하는 대신 수학 기호를 사용해 추론을 공식화했다. 기호논리는 단어를 수학 기호로 대체하고 엄격한 규칙에 따라 논리를 분석한다. 이를 통해 보다 명확하고 구조화된 추론이 가능해 복잡한 주장의 모호함을 줄일 수 있다.

AI에게서 기호논리는 세계에 대한 지식과 추론을 표현하는 핵심 방법으로 사용된다. AI는 논리를 사용해 구조화된 방식으로 데이터를 분석하고 해석한다. 최신 AI와 로봇은 기호논리를 사용해 시각, 청각, 텍스트 데이터 같은 감각 입력을 처리한다. AI는 원시 센서 데이터를 논리적으로 분석하고 추론할 수 있는 기호로 변환한다. 기호논리는 이러한 시스템이 세계의 기호적 표현에 따라 논리적 의사 결정, 행동 계획 수립, 공간 탐색을 수행할 수 있도록 지원한다. 요약하면, 기호논리는 로봇이 세상을 이해하고 합리적인 선택을 할 수 있는 구조화된 방법을 제공한다.

1960년대와 1970년대 초에 주목할 만한 두 로봇인 프레디(Freddy)와 셰이키(Shakey)는 프로그래밍과 의사 결정의 기초로 기호논리를 사용했다. 1969년부터 1976년 사이에 에든버러대학에서 개발한 프레디는 다재다능하고 적응력이 뛰어난 것으로 유명했다. 두 손가락으로 집는 핀치 그리퍼(집게), 비디오카메라, 레이저 라이트 스트라이프 생성기가 장착된 거꾸로 된 기계식 팔이 특징이다. 프레디는 카메라를 사용해 환경 인식을 개선하고 캡처한 이미지에서 물체를 식별하고 특정 특징을 감지할 수 있었다. 프레디는 상세한 단계별 지침이 필요한 대신 위치 관계와 관련된 목표를 지정하는 소프트웨어를 사용했다. 이러한 접근 방식을 통해 프레디는 나무못에 고리를 끼우거나 나무 블록 장난감을 조립하는 등의 새로운 작업에 빠르게 적응할 수 있었다.

1966년부터 1972년까지 스탠퍼드대학교에서 존 매카시(John McCarthy, 1927~2011)의 감독하에 개발된 셰이키는 컴퓨터 비전, 로봇공학, 자연어 처리 등 여러 연구 분야의 핵심 기술을 통합한 획기적인 모바일 로봇이다. 천장에 고정되어 있던 프레디와 달리 셰이키는 이동성을 고려해 설계되었다. 바퀴, 센서, 전자 부품이 장착된 직사각형 본체에 주변 환경과 상호작용하며 움직일 수 있도록 설계되었다. 로봇의 중앙 본체에는 컴퓨터와 제어 시스템이 탑재되어 있었고, 본체에서 뻗어 나온 높은 마스트에는 카메라와 추가 센서가 장착되어 있어 주변 환경을 동적으로 인식하고 대응할 수 있었다.

셰이키의 가장 주목할 만한 기능은 모든 동작에 대한 단계별 지침 없이도 스스로 추론하고 결정을 내릴 수 있다는 점이다. 이는 자율적으로 환경을 탐색하고 물체와 상호작용하며 복잡한 작업을 완료할 수 있다는 점에서 이전의 로봇과 차별화되었다. 셰이키는 조명을 켜고 끄고, 문을 열고 닫으며, 고르지 않은 표면을 가로질러 이동하고, 물체를 밀 수 있었다.

"블록을 플랫폼에서 밀어내"와 같은 높은 수준의 명령

을 실행하는 것이 셰이키의 지능을 보여 주는 주요 시범이었다. 미리 프로그래밍된 시퀀스에 의존하는 대신 셰이키는 주변 환경을 분석하고, 상자가 있는 플랫폼을 식별하고, 근처 경사로를 찾아 플랫폼으로 올라가 상자를 밀어낸다. 이러한 수준의 자율적 의사 결정은 AI의 주요한 발전이었다.

셰이키와 프레디는 로봇공학 및 AI 분야에서 상당한 발전을 이루었음에도 주목할 만한 한계에 직면했다. 가장 큰 문제 중 하나는 프로그래밍과 의사 결정을 위해 기호논리에 의존하는 것이었다. 기호논리는 계산 비용이 많이 들기 때문에 상당한 양의 처리 능력이 필요했다. 이러한 계산 강도는 작업 처리 속도를 저하해 로봇의 작업 수행 효율을 떨어뜨리는 결과를 초래했다.

또 다른 주요 한계는 끊임없이 변화하는 환경을 정확하게 상징적으로 표현해야 한다는 점이다. 셰이키와 프레디가 효과적으로 작동하려면 주변 환경에 대한 정확한 상징적 모델이 필요했다. 하지만 역동적이고 복잡한 환경의 특성으로 인해 정확한 상징적 표현을 유지하기가 어려웠다. 이러한 어려움은 주변 환경의 변화에 빠르게 적응하는 데 장애가 되었다.

누벨 AI 로봇

셰이키와 프레디가 기호논리를 사용하면서 직면한 어려움은 다시 아날로그논리 철학으로 돌아가는 계기가 되었고, 이러한 한계로 인해 로봇 개발에 대한 접근 방식이 크게 바뀌었다. 기호논리에 기반을 둔 기호 AI의 대안으로 MIT의 로드니 브룩스(Rodney Brooks, 1954~)가 도입한 새로운 AI 방법론인 누벨 AI(Nouvelle AI)가 등장했다. 이 방법론은 셰이키와 프레디의 개발 이후 약 20년 만에 등장한 AI의 새로운 물결이었다.

누벨 AI의 핵심 개념은 진정한 기계 지능은 추상적인 계산이 아니라 물리적 세계와의 직접적인 상호작용에서 비롯된다는 생각 중심으로 전개되었다. 이 접근 방식은 신체화되지 않은 논리 기반 시스템에 의존하는 기호 AI 패러다임을 거부하고 세 가지 기본 원칙을 강조했다.

첫째는 신체화(embodiment)다. 기계는 환경과 의미 있는 상호작용을 위해 반드시 물리적인 몸을 지녀야 한다. 지능은 단순히 알고리즘의 산물이 아니라 시스템의 물리적 형태와 주변 환경 간의 상호작용에서 비롯된다. 로봇의 형태(모양, 센서, 액추에이터)는 로봇의 기능과 행동을 직접적으로 형성한다.

둘째는 위치성(situatedness)이다. 지능형 시스템은 센서를 사용해 역동적이고 예측할 수 없는 환경을 인식하는 등 실제 상황에서 작동해야 한다. 사전 프로그래밍된 모델에 의존하는 기호 AI와 달리 누벨 AI 시스템은 즉각적인 감각 입력에 반응해 내비게이션이나 사물 조작과 같은 작업에서 적응력과 견고함을 구현할 수 있다.

셋째는 신체화된 인지(embodied cognition)다. 누벨 AI 방법론은 지능이 신체적 상호작용에 깊이 뿌리를 두고 있다고 주장하는 인지과학 이론인 신체화된 인지 이론에서 출발했다. 추론, 학습 및 문제 해결은 순전히 추상적인 과정이 아니라 행위자의 신체적 경험에 의해 형성된다. 예를 들어, 공간 관계나 인과관계의 역학을 이해하는 것은 로봇의 신체가 세상을 감지하는 방식과 관련이 있다.

로드니 브룩스는 이러한 자신의 아이디어를 시연하기 위해 곤충을 모델로 한 단순한 행동 기반 로봇인 앨런(Allen)과 허버트(Herbert)라는 곤충형 로봇을 설계했다. 초음파 센서를 장착한 앨런은 물체가 감지될 때까지 방의 중앙에 머물도록 설계되었다. 물체가 접근하면 재빨리 주변을 돌아다니며 장애물을 능동적으로 피했다. 허버트는 장애물 탐색을 위한 적외선 센서와 3D 환경 데이터 수집을 위한 레이저 시스템을 갖추고 있다. 이 로봇은 MIT의 분주한 사무실과 작업 공간에 배치되어 빈 음료수 캔을 찾아서 쓰레기통으로 넣는 작업을 수행했다.

누벨 AI는 지능을 신체화와 실제 상호작용에 기반을 두어 로봇공학을 발전시켰다. 그뿐만 아니라 지능 자체의 본질에 대한 AI, 인지과학 및 철학의 광범위한 논의에도 영향을 끼쳤지만, 2003년 누벨 AI 프로젝트는 결국 실패로 돌아갔다.

이 프로젝트의 몰락에는 크게 두 가지 이유가 있다. 첫째, 누벨 AI는 기호 AI가 추구했던 인간 수준의 능력이 아닌 곤충 수준의 성능을 목표로 했다. 이렇게 겸손한 목표에 초점을 맞추다 보니 본질적으로 자체의 한계가 있었다. 물론 실제 곤충의 행동과도 일치하지 못한다는 지적 때문에 이 접근법에 대한 신뢰는 더욱 약화되었다.

둘째, 누벨 AI는 단순성을 강조하다 보니 현실에 대한 상세한 내부 모델을 구축하는 것을 거부했다. 복잡한 모델이 없기 때문에 시스템이 실제 환경의 복잡성을 효과적으로 탐색하고 대응하기 어려웠다. 이러한 한계는 실질적인 유용성을 더욱 떨어뜨렸다.

누벨 AI의 실패 이후 아날로그 논리를 되살리려는 노력은 중단되었고, 로봇공학의 초점은 거의 전적으로 기호논리로 옮겨졌다. 이러한 기호논리 접근 방식은 처리 능력 향상과 알고리즘 개선 등 디지털 컴퓨팅의 비약적인 발전으로 강화되어 기호 처리와 관련된 이전의 많은 한계를 극복할 수 있었다. 기호 시스템은 머신러닝 및 딥러닝과 같은 최신 AI 기술과 호환성이 높은 것으로 입증되었다. 데이터의 기호적 표현에 의존하는 이러한 방법을 통해 자율 시스템에서 자연어 이해, 고수준 추론, 전략적 계획과 같은 정교한 기능을 개발할 수 있게 되었다.

참고문헌

Čapek, K.(2004). *R.U.R.(Rossum's Universal Robots).* Penguin Publishing Group.

03
공장에서 일하는 로봇

공장에서 큰 역할을 하는 로봇 팔을 소개한다. 1961년에 처음 소개된 로봇 팔은 로봇 역사상 가장 영향력 있는 혁신 중 하나로 꼽힌다. 미국에서 개발된 이 초기 로봇은 산업 기술의 획기적인 전환점이 되었으며 현대 제조업을 정의하는 많은 자동화 시스템의 토대를 마련했다. 처음에 로봇 팔은 미국 자동차 산업에서 주로 활용되었다. 자동차 부문에서의 성공 이후 로봇 팔의 사용은 다른 산업 분야로 빠르게 확대되었다.

인공지능과 편향?

크고 무거운 로봇 팔 '유니메이트'의 탄생

1954년 조지 데볼(George Devol, 1912~2011)은 제조 효율성을 개선하고 위험하거나 반복적인 작업을 자동화하려는 목표로 최초의 프로그래밍 가능한 로봇을 설계했다. 그는 자신의 발명품에 특허를 내고 '범용 자동화(universal automation)'라는 용어를 만들었다. 1956년 데볼은 조지프 엥겔버거(Joseph Engelberger, 1925~2015)와 함께 산업용 로봇 생산에 전념하는 최초의 회사 유니메이션(Unimation)을 설립했다. 이 둘의 협업은 로봇 산업의 상업적 탄생을 알리는 계기가 되었다. 로봇공학의 아버지로 불리는 엥겔버거는 비즈니스 통찰력을 바탕으로 공장에 로봇을 도입하는 데 앞장섰고, 데볼은 기술 전문성을 바탕으로 혁신을 주도했다.

조지 데볼과 조지프 엥겔버거가 설립한 유니메이션은 산업용 로봇을 전문으로 생산하는 최초의 기업이 되었다. 이 회사의 주요 제품인 유니메이트(Unimate)는 자동화 기술의 획기적인 발전을 상징하는 제품이다. 최초의 로봇 팔인 유니메이트는 무게가 약 2톤에 달하는 거대한 기계였다. 유니메이트의 설계에는 유압식 액추에이터가 사용되었다. 이는 초기 로봇공학에서 힘과 제어 기능 때문에 흔히 선택되던 방식이었다.

유니메이트의 핵심 기능은 관절 좌표를 프로그래밍할 수 있다는 점이다. 이는 로봇이 특정 관절 각도를 이해하고 복제하도록 훈련할 수 있다는 것을 의미한다. 훈련 단계에서 로봇은 작업을 수행할 때 관절의 각도를 기록한다. 그런 다음 이 데이터를 작업 중에 사용해 유니메이트가 동일한 동작을 정확하게 재현할 수 있도록 했다.

관절 좌표의 프로그래밍 가능성은 유니메이트의 활용도를 높이는 획기적인 기능이었다. 관절 각도를 기록하고 재현함으로써 유니메이트는 다양한 산업 환경에서 다양한 작업을 수행하도록 조정할 수 있었다. 이러한 다목적성은 취급 및 조립부터 용접 및 자재 운송에 이르기까지 다양한 분야에서 매우 중요했다.

유니메이트는 1960년대부터 다양한 제조 작업, 특히 자동차 산업에서 사용되었다. 유니메이트 로봇 팔과 인간 작업자가 공장에서 협업하는 방식은 당시로서는 획기적인 것이었다. 유니메이트는 인간 작업자에게 육체적으로 힘들고 위험한 반복적인 작업을 수행하도록 설계되었다. 특히 이 로봇 팔은 용접, 자재 취급, 조립과 같은 작업에 사용되었다.

유니메이트는 완전히 자율적인 로봇이 아니었기 때문에 인간 감독과 때로는 직접적인 상호작용이 필요했다.

이 로봇 팔은 구체적이고 정밀한 동작을 수행하도록 프로그래밍되었지만, 보다 복잡한 의사 결정이나 유연성이 필요한 작업에는 여전히 인간 작업자가 참여했다.

유니메이트 로봇은 강력하고 움직이는 부품이 많았기 때문에 공장의 지정된 안전 구역에서 작업했다. 인간 작업자가 로봇 근처에서 위험 없이 작업할 수 있도록 안전 프로토콜이 마련되었지만, 종종 다른 구역에서 작업하거나 로봇의 움직임으로부터 사람을 보호하기 위해 안전 장벽을 사용하기도 했다. 어떤 경우에는 사람이 기계와 함께 작업할 수 있도록 로봇의 움직임을 제어하되 로봇이 작동하는 동안 로봇의 팔과 직접 접촉하지 못하도록 역할을 지정하기도 했다. 이처럼 유니메이트 로봇 팔은 인간과 상호작용하는 동료라기보다는 독립적인 작업자에 가까웠고, 그 크기 등으로 인해 위험한 존재이기도 했다.

작고 가벼운 '스탠퍼드 암'

초기의 산업용 로봇을 개선하는 데 큰 기여를 한 사람으로 빅터 셰인먼(Victor Scheinman, 1942~2016)을 들 수 있다. 셰인먼은 유니메이트와 초기 유압 로봇의 주요 문제점을 전반적으로 파악했다. 이런 로봇은 물리적으로 크고 무거워서 다양한 공장 레이아웃에 통합하기 어려웠다. 그리고 상대적으로 느리게 작동해 효율성이 제한적이었다. 특히 유압 시스템에 대한 의존도가 큰 문제였다. 유압 메커니즘은 누수가 발생하기 쉬워 유지보수가 빈번하고 비용이 많이 들었다. 이러한 문제로 초기의 산업용 로봇을 효과적으로 사용할 수 있는 장소와 방법이 총체적으로 제한되었다. 주로 자동차 제조와 같은 중공업 분야에 국한되어 있었다.

이러한 단점을 인식한 빅터 셰인먼은 1969년 스탠퍼드대학교에 재직하던 중 기존 기술을 크게 개선한 '스탠퍼드 암(Stanford Arm)'이라는 로봇 팔을 설계하고 도입했다. 스탠퍼드 암은 인간의 팔 동작 범위를 거의 그대로 재현하는 6축을 도입해 로봇공학에 획기적인 도약을 가져왔다. 이 설계는 유연하고 다양한 움직임을 가능하게 해 로봇이 제조 공정에서 복잡한 작업을 정밀하게 수행할 수 있도록 했다.

셰인먼의 혁신은 초기 로봇의 물리적 한계도 해결했다. 유니메이트의 유압 시스템은 부피가 크고 무게가 최대 2톤에 달하며 누수가 발생하기 쉽고 속도가 느린 반면, 스탠퍼드 암은 획기적으로 작고 7kg로 가벼웠다. 유압 장치를 암에 통합된 전기 모터로 대체해 지저분한 유체 시스템을 없애고 빠르고 원활하며 안정적인 작동을 가능하게 했다. 이러한 전기 작동으로의 전환은 속도와 유지보수를 개선했을 뿐만 아니라 로봇공학을 중장비 자동차 제조를 넘어 소규모 산업(전자제품 조립 등) 및 실내 환경으로 확장했다. 스탠퍼드 암의 설계 원칙인 인간과 같은 민첩성, 소형화, 전기 효율성은 산업용 로봇공학을 재정의해 미래 로봇 시스템의 벤치마크를 설정하고 다양한 분야로 적용 범위를 넓혔다.

스탠퍼드 암은 이전의 로봇 기술, 특히 유니메이트에 비해 상당한 발전을 이루었다. 메모리에 저장돼 사전 정의된 단계별 명령에 따라 엄격하게 작동하는 유니메이트와 달리, 스탠퍼드 암은 제어 메커니즘에 컴퓨터 소프트웨어를 활용했다. 이러한 혁신으로 스탠퍼드 암은 실시간 연산을 수행하고, 작동 중 유연성과 적응성을 확보할 수 있었다. 이후 스탠퍼드 암의 후속 버전에서는 터치 센서와 비전 시스템과 같은 감각 기술을 추가로 통합해 로봇이 주변 환경의 변화를 인식하고 능동적으로 대응할 수 있도록 더욱 발전했다.

선구적인 로봇 시스템인 스탠퍼드 암은 정밀성, 적응성, 인간 작업자와의 협업을 강조하는 새로운 작업 스타일을 도입했다. 스탠퍼드 암은 인간 작업자를 완전히 대체하는 것이 아니라 보완하도록 설계되었다. 스탠퍼드 암의 후속 버전에 장착된 터치 센서와 비전 시스템은 사람의 존재를 감지하고 충돌을 피함으로써 사람과 함께 안전하게 작업할 수 있다.

유니메이트와 마찬가지로 스탠퍼드 암도 산업 환경에서 사람의 작업 공간과 명확하게 분리되어 있었다. 로봇은 특정 작업과 영역에 국한되어 독립된 공간에서 작동하는 경우가 많았고, 사람은 공장의 다른 구역에서 작업했다. 이러한 분리는 안전과 운영 효율성을 위해서다. 안전을 더욱 보장하기 위해 로봇은 일반적으로 울타리나 보호 장벽 뒤에서 작동하여, 인간 작업자와 물리적 상호 작용이나 사고의 위험을 방지했다.

인간과 함께 일하는 코봇

인간과 로봇은 항상 엄격하게 분리되어 작동해야 한다는 생각은 1996년 협동 로봇인 코봇(Cobot)의 등장으로 바뀌기 시작했다. 잠재적인 위험성 때문에 안전 장벽 뒤에 숨어 있던 기존의 산업용 로봇과 달리 코봇은 공유 작업 공간에서 인간 작업자와 상호 작용하고 지원하며 협력할 수 있게 제작되었다. 코봇의 등장은 로봇이 더 이상 독립적으로 반복적인 작업을 수행하는 도구가 아니라,

효율성과 생산성을 향상할 수 있는 팀 동료가 되는 새로운 자동화 단계의 시작을 알렸다. 코봇의 도입으로 로봇 기술을 인간의 업무 환경에 보다 유연하게 통합할 수 있어, 다양한 산업 분야에서 개선이 이루어졌다.

사람과 로봇 간의 안전한 상호작용을 보장하기 위해 코봇은 다양한 설계 기능과 기술 메커니즘을 통합했다. 즉, 코봇은 모서리가 둥글고 외관이 매끄럽게 설계되어 인간 작업자와의 우발적인 접촉 시 부상의 위험을 최소화했다. 무거운 산업용 로봇과 달리 코봇은 가볍지만 내구성이 뛰어난 소재로 제작되어 사람과 접촉할 경우 발생하는 충격을 줄여 준다. 그리고 코봇은 작동 중에 가하는 힘의 양과 속도를 제한하도록 프로그래밍했다. 예상치 못한 장애물이나 사람과의 접촉을 감지하면 자동으로 동작을 멈추거나 힘을 조정해 위험을 방지한다. 센서, 카메라, AI 기반 알고리즘을 탑재한 코봇은 사람의 존재, 움직임, 잠재적 위험을 실시간으로 감지할 수 있다.

세계 최고의 산업용 로봇 소비업체인 제너럴모터스(GM)는 코봇 개발에서 중요한 역할을 했다. 1994년 GM은 인간과 로봇 간의 직접적인 물리적 상호작용을 가능하게 하는 혁신적인 방법을 모색하기 위해 노스웨스턴 대학교의 에드워드 콜게이트(J. Edward Colgate)와 마이클 페시킨(Michael Peshkin) 교수와 파트너십을 맺었다. GM과 두 교수의 협력 정점은 1996년 '컴퓨터로 제어되는 범용 조작기와 사람 간의 직접적인 물리적 상호작용을 위한 장치 및 방법'으로 특허를 획득한 것이다.

코봇 개발은 1997년 콜게이트와 페시킨이 코보틱스(Cobotics)라는 회사를 설립하면서 큰 진전을 이루었다. 코보틱스는 학술 연구용 코봇을 실제 산업 분야, 특히 자동차 조립 산업에 도입하는 데 중요한 역할을 했다. 코보틱스의 출범은 코봇이 기존의 안전 장벽 없이도 인간과 함께 안전하게 작업할 수 있음을 인정받은 것으로, 로봇 공학의 새로운 시대가 시작되었음을 알렸다.

독일의 로봇 공학 회사이자 세계 최고의 산업용 로봇 제조업체 중 하나인 쿠카(KUKA)는 코봇의 잠재력을 가장 먼저 인식한 주요 기업 중 하나로, 2004년에 항공우주 산업을 위해 특별히 설계된 최초의 코봇을 출시했다. 항공우주 제조에는 높은 정밀도와 안전성이 요구되므로 코봇은 조립, 드릴링 및 자재 취급과 같은 작업에 이상적인 설루션이다.

2005년에는 덴마크에서 다재다능하고 사용자 친화적이며 효율적인 비용의 코봇 개발에 주력하는 기업 유니버설 로봇(Universal Robots)이 설립되었다. 2008년에 유니버설 로봇은 몇 가지 획기적인 기능을 도입한 코봇을 출시했다. 이 코봇은 펜스나 안전 케이지 없이도 인간 작업자 옆에서 작업할 수 있는 내장된 안전 기술을 특별히 탑재하고 있다. 특히 이 코봇은 가하는 힘의 양을 측정하는 센서를 장착했다. 또 카메라, 라이다(LiDAR), 근접 센서가 장착돼 접근하는 사람을 감지한다.

스위스에 본사를 둔 다국적 로봇 및 자동화 기업인 ABB는 2015년 최초의 협동 양팔 로봇인 유미(YuMi)를 출시하며 코봇 시장에 진출했다. 유미의 양팔 디자인은 사람의 팔 움직임을 모방해, 손재주가 필요했던 복잡한 작업도 수행하도록 설계되었다. 또한 충돌 감지 및 적응형 제어를 비롯한 첨단 안전 기능을 탑재해 인간 작업자와의 안전한 상호작용을 보장했다.

미국에서는 2008년에 저명한 로봇 공학자이자 AI 연구자인 로드니 브룩스(Rodney Brooks)는 리싱크로보틱스(Rethink Robotics)를 설립했다. 이 회사는 산업 현장에서 인간과 함께 일하도록 설계된 혁신적인 코봇인 박스터(Baxter)를 출시했다. 박스터는 인간 친화성, 적응성, 안전성에 중점을 둔 로봇 설계의 중요한 변화를 대표하며 코봇 시장에 획기적인 변화를 가져왔다.

인간 친화성에 관해서 보면, 박스터의 머리에는 얼굴

디스플레이 역할을 하는 애니메이션 스크린이 장착되어 있다. 이 화면은 작동 상태에 따라 다양한 표정을 보여준다. 제대로 작동할 때는 행복한 표정을, 문제가 발생했거나 사람의 개입이 필요한 경우 혼란스러운 표정을, 정상 작동 시에는 중립적인 표정을 짓는다.

적응성에 관해서 보면, 종종 잘못되거나 불가능한 작업을 계속 실행하는 기존의 산업용 로봇과 달리 박스터는 적응형 행동을 보였다. 예를 들어, 필수 공구를 실수로 떨어뜨린 경우 박스터는 계속 사용을 시도하지 않고, 대신 작업을 중단하고 사람의 도움을 요청하는 신호를 보내 불필요한 오류와 잠재적 손상을 방지했다.

기존의 산업용 로봇과 달리 박스터는 안전 케이지나 장벽 없이도 작동하도록 설계되었다. 즉, 인간 작업자가 박스터와 같은 물리적 공간에 있으면서 필요에 따라 이동할 수 있다. 이는 박스터의 안전 기능 덕분이다.

참고문헌

Uria-Recio, P.(2024). *How AI Will Shape Our Future: Understand Artificial Intelligence and Stay Ahead*. Pedro Uria-Recio.

04
일상에서 분주한 휴머노이드 로봇

현대 로봇공학은 인간의 뇌를 모방해 방대한 데이터를 분석하고 패턴을 인식하며 실시간으로 적응하는 신경망 덕분에 이동성과 민첩성이 크게 발전했다. 이러한 발전은 로봇을 산업 환경에서 가정으로 가져왔다.
완전 자율 로봇 청소기인 룸바와 자율 배송 로봇이 일상생활에서 활약하는 모습 그리고 그 영향력과 사회적 불안 및 저항 현상 등을 살펴본다.

청각장애인과 AI?

로봇의 기동성과 민첩성

현대 로봇은 놀라운 기동성과 민첩성을 특징으로 한다. 주로 신경망(neural network) 덕분이다. 신경망은 서로 연결된 인공 뉴런 층으로 구성된 정교한 AI 시스템이다. 신경망은 인간의 뇌에서 발견되는 신경 구조에서 영감을 받아 설계되었다. 신경망은 방대한 양의 데이터를 분석해 작동한다. 데이터 내에서 패턴과 상관관계를 파악하고 분석을 바탕으로 정보에 맞는 결정을 내린다.

이러한 기능을 통해 로봇은 주변 환경을 동적으로 학습해 지속적으로 적응하고 성능을 개선할 수 있다. 데이터 기반 학습을 로봇 애플리케이션에 통합해 로봇의 이동성이 크게 향상되었다. 이러한 시스템은 대량의 데이터를 활용해 빠른 속도로 발전할 수 있다. 지속적인 학습 곡선을 통해 로봇은 곧 인간의 기동성을 모방하거나 심지어 능가할 수도 있는 기능을 향해 나아가고 있다.

신경망 속에 있는 인공 뉴런의 복잡하고 층화된 구조는, 대량의 데이터를 빠르게 처리하고 실시간으로 의사결정을 내리기 위해, 상당한 연산 능력을 필요로 한다. 2000년대에 들어서야 하드웨어가 이러한 집중적인 연산 요구를 지원할 수 있는 속도와 견고성을 갖춘 수준으로 발전했다. 최신 로봇에는 카메라, 라이다(LIDAR, Light

Detection And Ranging, 빛 탐지 거리 및 측정), 레이더, GPS 등 다양한 센서가 장착되어 주변 환경을 정확하게 인식한다. 센서는 로봇이 주변에서 일어나는 일을 이해하는 데 필요한 원시 데이터를 제공한다.

4족 보행 또는 2족 보행 로봇과 같이 걷는 로봇의 경우 신경망은 움직임을 개선하고 균형을 유지하며 예기치 않은 상황을 처리하는 필수 역할을 한다. 신경망은 로봇이 거친 지형과 같은 까다로운 환경에 적응하거나 넘어졌을 때 빠르게 회복하는 데 도움이 된다.

가정용 로봇과 라이프스타일의 변화

기동성과 민첩성을 갖춘 현대 로봇은 산업 현장에서 우리 집으로 발을 내딛게 된다.

2002년 아이로봇(iRobot)이 개발한 룸바(Roomba)는 산업 현장 밖에서 사용하도록 설계된 최초의 완전 자율 로봇으로 큰 변화를 가져왔다. 수동 제어가 필요했던 이전의 로봇과 달리 룸바는 독립적으로 작동하도록 설계되어 사람의 직접적인 개입 없이 진공 청소와 같은 작업을 수행할 수 있다.

룸바는 가구 밑을 탐색하고 일반적으로 청소하기 어려운 공간에 접근할 수 있는 낮은 높이의 소형 원형 진공

청소 로봇이다. 룸바는 장애물을 효과적으로 감지하고 피하며 실내 환경에서 원활하게 이동하는 자율 주행 기능을 선보이며 전 세계의 주목을 받았다. 룸바는 복잡한 신경망을 사용하는 대신 다양한 센서와 결합된 간단한 규칙 기반 알고리즘을 사용한다.

'적외선 센서'는 경로에 있는 물체를 감지해 로봇이 가구나 기타 장애물을 우회할 수 있도록 한다. '범프 센서'는 벽이나 단단한 물체와 충돌하면 룸바에게 방향을 바꾸라는 메시지를 전달한다. 한편 '절벽 센서'는 계단이나 가장자리로 떨어지지 않도록 막아 안전한 작동을 보장한다. 이러한 통합 센서 시스템과 간단하고 반응이 빠른 내비게이션 전략은 룸바가 접근성이 뛰어나고 효과적인 소비자 로봇으로 성공하는 데 핵심 역할을 했다.

초기 룸바는 다소 무작위로 이동했으며, 충돌 및 장애물 센서에 의존해 다음 이동 경로를 안내했다. 그러나 최신 모델에는 보다 정교한 매핑 알고리즘이 통합되기 시작했다. 이러한 개선으로 로봇은 개별 방의 상세 지도를 만들고, 보다 체계적인 청소 경로를 계획하고, 재충전 후 작업을 재개할 수 있다. 또한 '먼지 감지'와 같은 기능을 통해 로봇은 더러운 곳을 식별하고 그곳에 더 많은 주의를 집중할 수 있게 되었다. 이러한 발전으로 룸바 청소기는 더욱 효율적이고 다양한 가정 환경을 처리할 수 있는 능력을 갖추게 되었다.

룸바를 비롯한 가정용 로봇이 일반 가정에 도입된 것은 편의성 중심의 기술 중심 라이프 스타일로의 광범위한 변화를 의미한다. 그런 변화로 다음을 꼽을 수 있다.

첫째, 사람들은 일상적인 집안일에 소요되는 시간을 줄일 수 있다. 이러한 시간 절약은 홈 오토메이션에 대한 수용도가 높아짐에 따라 개인이 여가, 업무, 가족과의 시간 등 다른 활동에 더 많은 시간을 할애할 수 있게 되었다는 것을 반영한다.

둘째, 로봇 청소기가 대중화되기 전, 대부분의 사람들은 로봇이라면 주로 산업 환경이나 SF소설에 등장하는 로봇으로 인식했다. 룸바의 성공으로 로봇이 더 친숙하고 접근하기 쉬운 존재로 느껴지면서, 다른 스마트 홈 및 AI 기반 디바이스를 도입하려는 의지가 높아졌다.

셋째, 많은 사용자는 룸바의 원형 모양에 맞게 생활 공간을 재구성하고 룸바가 효율적으로 움직일 수 있도록 명확한 경로를 확보해 그 과정에서 어수선함을 줄였다. 가구 제조업체도 소파와 침대에 다리를 올려놓는 등 로봇 청소기를 염두에 두고 제품을 디자인하기 시작했다.

넷째, 룸바의 최신 모델에는 와이파이(Wi-Fi) 연결 및 앱 통합 기능이 추가되어 '스마트 홈'으로의 트렌드를 강화했다. 이 기술을 통해 어디서나 일정을 예약하고 모니터링할 수 있어 원활한 일상을 만들 수 있다.

다섯째, 룸바가 인기를 얻으면서 로봇공학에 대한 사람들의 편안함과 친숙함이 높아졌다. 이러한 수용은 로봇이 신기한 물건이 아닌, 개인 도우미라는 개념을 일상화해 홈 오토메이션과 보조 기술을 더 폭넓게 적용할 수 있는 문을 열었다.

이러한 변화는 실질적인 편의성 향상과 함께 일상적인 로봇공학 및 스마트 기기 생태계를 수용하려는 문화적 변화를 모두 반영한다.

배송 로봇과 반달리즘

전통적으로 산업용 로봇은 제조 환경에서 제품을 조립, 검사, 포장하는 데 사용되어 생산 공정의 효율성과 생산성을 높였다. 하지만 전자상거래가 성장하고 빠르고 편리한 배송에 대한 수요의 증가로, 기업들은 이제 고객에게 제품을 배송하는 속도, 정확성, 비용 효율성을 개선하기 위해 배송에 로봇을 활용하는 방안을 모색하고 있다.

대표적인 배송 로봇으로 2019년 초에 아마존에서 처음 도입한 아마존 스카우트(Amazon Scout)가 있다. 아마존 스카우트는 소형 냉장고 크기의 완전 전기 자율 주행 6륜 로봇이다. 콤팩트한 디자인으로 인도와 주거 지역을 쉽게 이동할 수 있어 배송에 이상적인 설루션이다. 이 로봇은 다양한 센서, 카메라, AI 알고리즘을 사용해 고객의 문 앞까지 안전하고 효율적으로 패키지를 운송할 수 있다. 더 나아가 자율 탐색 기능으로 변화하는 환경에 적응해 보행자, 애완동물, 기타 장애물 등의 잠재적 위험을 피할 수 있다. 아마존 스카우트가 목적지에 가까워지면 알림이 전송되는 등 편리하고 원활한 배송 환경을 제공해 고객이 문 앞에서 패키지를 찾을 수 있다.

배송에 아마존 스카우트를 사용하면 여러 가지 이점이 있다. 먼저, 로봇의 자율 주행 기능을 통해 교통 체증과 주거 지역을 빠르고 효율적으로 탐색해 배송 시간을 단축할 수 있다. 다음으로, 완전 전기 로봇인 아마존 스카우트는 배기가스를 배출하지 않아 기존 배송 방법과 관련된 환경 영향을 최소화한다. 따라서 배송을 위한 보다 지속 가능한 설루션으로 아마존의 탄소 발자국을 줄이고 보다 환경 친화적인 배송 과정에 기여한다.

하지만 배송 로봇에는 부정적인 측면도 있다. 2023년 이후 배달 로봇을 겨냥한 기물 파손 사건이 증가하고 있다는 점이다. 문제는 이러한 행위가 우발적으로 발생한 것이 아니라 의도적으로 배송 로봇이나 배송 중인 물품을 손상하거나 훔치려는 시도라는 것이다. 배달 로봇에 대한 반달리즘(vandalism, 문화유산이나 예술, 공공시설, 자연경관 등을 파괴하거나 훼손하는 행위)은 일부 사람들이 로봇이 일상생활에 통합되는 것에 거부감을 느끼고 심지어 로봇을 성가신 존재나 위협으로 간주할 수 있음을 암시한다.

배달 로봇에 대한 기물 파손 사건은 로봇의 사회적 수용에 대한 우려를 불러일으킨다. 로봇이 파손이나 도난에 취약한 것으로 인식되면 기술에 대한 신뢰가 약화되고 로봇 도입이 저해될 수 있다. 이는 물류, 의료, 교육 등 다양한 산업에서 로봇을 개발하고 배치하는 데 중대한 영향을 미칠 수 있다.

배달 로봇에 대한 이러한 기물 파손 행위는 광범위한 결과를 초래할 수 있다. 첫째, 기물 파손에 대한 로봇의 취약성으로 기업이 손상이나 도난에 취약한 기술에 대한 투자에 주저할 수 있으므로 다양한 산업에서 로봇의 채택이 지연될 수 있다. 둘째, 손상된 로봇을 수리하거나 교체하는 데 드는 비용이 상당할 수 있으며, 이는 자율 배송에 의존하는 기업의 비용 증가로 이어질 수 있다. 셋째, 배송 로봇에 대한 기물 파손은 자율 배송의 효율성을 떨어뜨려 배송 지연과 분실로 이어질 수 있다. 넷째, 배달 로봇에 대한 기물 파손 행위는 로봇과 자동화에 대한 대중의 부정적인 인식에 기여해 이러한 기술 도입에 대한 회의론과 저항을 증가시킬 수 있다.

배달 로봇에 대한 기물 파손 문제를 해결하기 위해 기업과 정부는 로봇을 손상과 도난으로부터 보호하는 솔루션을 개발해야 할 것이다. 이를 위해 보안을 염두에 둔 로봇을 설계해야 한다. 기물 파손 및 도난을 방지하기 위해 경보, GPS 추적, 변조 방지 케이스와 같은 보안 기능을 갖춘 로봇을 설계할 수 있다. 그리고 기업은 배달 로봇에 대한 기물 파손을 감지하고 방지하기 위해 감시 및 모니터링 시스템을 구현할 수 있다. 더 나아가 사회에서 로봇의 혜택과 중요성에 대한 인식을 제고하고 이러한 기술을 존중하고 수용하는 문화를 조성하기 위해 공공 교육 캠페인을 시작할 수 있다. 마지막으로, 정부는 로봇을 기물 파손과 도난으로부터 보호하고 이러한 기기를 파손하거나 도난당한 개인에게 책임을 묻는 규정과 법률을 만들 필요가 있다.

배달 로봇에 대한 기물 파손 행위인 반달리즘과, 1811년에서 1816년 사이에 산업혁명 당시 새로운 기계의 도입에 반대하며 시위를 벌인 영국의 섬유 노동자 및 직조

공 집단인 러다이트(Luddite) 사이에 유사한 동기가 보인다. 두 경우 모두에는 전통적인 삶의 방식이나 고용에 위협으로 인식되는 새로운 기술에 의해 우리 인간이 대체되거나 혼란을 겪을 수 있다는 두려움이 있다. 이러한 유사점을 이해하면 우리는 기술 발전을 둘러싼 우려와 두려움을 더 잘 해결하고, 보다 포용적이고 공평한 신기술 채택을 위해 노력할 수 있을 것이다.

참고문헌

Uria-Recio, P.(2024). *How AI Will Shape Our Future: Understand Artificial Intelligence and Stay Ahead.* Pedro Uria-Recio.

05
군대에서 활약하는 로봇

전쟁에서 신체는 부상과 심리적 외상에 취약하기 때문에 군용 로봇의 개발이 활발히 이루어지고 있다. 군사용 로봇은 첨단 센서, 학습 기능, 일관된 성능을 갖춰 폭탄 처리, 감시, 심지어 직접 전투에 유용하다.
궁극적으로 로봇은 인간의 독창성을 반영하지만, 전쟁에서의 로봇 사용은 우리의 창의적 잠재력이 점점 더 해를 끼치고 살상하는 기술로 향하고 있다는 심각한 모순을 드러내며 더 깊은 윤리적 성찰과 대화를 요구하고 있다.

AI 콘텐츠 크리에이터?

전쟁에서 신체의 취약성과 군사용 로봇

전쟁 특성상 인간의 신체는 종종 극한의 상황에 노출되어 신체적, 정신적 피해를 입게 된다. 군인은 총상, 폭발로 인한 파편 부상, 화상 등 다양한 형태의 신체적 부상에 노출된다. 이러한 부상은 장기적인 장애나 사망으로 이어질 수 있다. 전쟁 지역에서는 의료 시설이 부족하거나 과부하가 걸려 부상자에 대한 적절한 치료가 이루어지지 않을 수 있다.

군인은 또한 극한의 기상 조건, 깨끗한 물 부족, 식량 부족, 독성 물질 노출 등 신체 건강을 악화할 수 있는 환경에 직면할 수 있다. 이런 신체적 피해 외에도, 지속적인 폭력의 위협과 전우의 죽음과 고통을 목격하는 것은 '외상 후 스트레스 장애(PTSD)' 등 심각한 심리적 스트레스로 이어질 수도 있다.

군사용 로봇의 등장은 전쟁이라는 잔인하고 가혹한 환경에서 사람의 신체가 지닌 심각한 취약성과 직접 연결되어 있다. 가장 큰 원동력은 인명 피해를 줄이려는 욕구다. 전쟁은 본질적으로 위험하며, 군인들은 끊임없이 부상과 사망의 위험에 노출되어 있다. 로봇은 기계이기 때문에 인간과는 달리 소모품이다. 위험한 상황에 인간 병사 대신 로봇을 투입하면 인명 손실 가능성을 크게 낮

출 수 있다. 로봇은 무적 상태는 아니지만 이러한 위협에 대해 인간보다 훨씬 더 큰 저항력을 제공하는 갑옷과 보호 장치로 제작할 수 있다. 로봇이 손상되더라도 로봇은 장비일 뿐 생명을 잃는 것은 아니다.

군사용 로봇의 강점과 활용도

군사용 로봇에는 열 이미지 처리법, 야간 투시경, 고해상도 카메라, 화학/생물학 물질 탐지기, 레이더, 소나 등 다양한 센서를 장착할 수 있어 여러 측면에서 인간의 감각 능력을 훨씬 뛰어넘을 수 있다. 이를 통해 더 나은 전장 인식, 조기 위협 탐지, 향상된 정보 수집이 가능하다.

올바르게 프로그래밍된 로봇은 흔들림 없이 정확하고 일관되게 작업을 실행할 수 있다. 특히 긴박한 전투 상황에서 인간의 능력을 저해할 수 있는 피로, 스트레스, 감정적 산만함을 겪지 않는다. 이론적으로 로봇은 두려움, 분노, 복수심 없이 오로지 프로그래밍된 매개변수와 데이터 분석에 기반을 두고 결정을 내릴 수 있으므로 일부 상황에서는 더 이성적이고 덜 확대적인 행동을 취할 수 있다.

특히 AI 기반 군사용 로봇은 경험과 피드백을 통해 학습할 수 있다. 시간이 지남에 따라 전략을 조정하고 성능을 향상할 수 있으며, 매번 사람이 직접 재교육하지 않더라도 각 임무에서 더 효과적으로 수행할 수 있다.

로봇의 이러한 장점을 활용하는 로봇 애플리케이션에는 여러 가지 종류가 있다. 특히 로봇은 인명 위험 없이 폭발물에 접근해 무력화할 수 있기 때문에 폭탄 처리에 널리 사용되고 있다. 이는 폭발에 대한 인간의 극심한 취약성을 직접적으로 해결한다.

로봇, 특히 드론(UAV)은 위험하거나 접근하기 어려운 지역에서 정찰 및 감시 임무를 수행해 인간 병사를 위험에 빠뜨리지 않고 정보를 수집할 수 있다. 그리고 로봇은 위험 지역에서 보급품, 탄약, 장비를 운반하는 데 사용되어 인간 호송대의 위험을 줄일 수 있다. 로봇은 위험하고 불안정한 환경을 탐색해 부상당한 군인이나 민간인을 수색하고 구조할 수 있어 인간 구조대원의 위험을 완화할 수 있다.

아직은 덜 일반적이고 윤리적으로 논쟁의 여지가 있지만, 직접 전투를 위한 로봇이 개발되고 있다. 이러한 로봇은 적군과 교전하고, 순찰을 수행하며, 잠재적으로 총격전에도 참여할 수 있고, 인간 병사가 직접 사선에 투입되는 위험 없이 전투에 참여할 수 있다.

군사용 로봇의 논쟁점

인류는 역사를 통틀어 사냥, 자기 방어, 전쟁을 위해 다양한 무기를 개발해 왔다. 선사 시대의 인류는 돌을 던지는 무기로 사용하고, 나무 몽둥이를 근접 전투에 사용했다. 중세 시대에는 칼이나 활이 지배적인 무기였다. 현대로 넘어오면서 기관총, 미사일, 핵이 무기로 사용되고 있다. 군사용 로봇 역시 일종의 무기다. 하지만 로봇은 전쟁의 방식뿐만 아니라 전쟁을 치르는 주체까지 근본적으로 변화시키기 때문에 원자폭탄만큼이나 중요한 전쟁의 혁명을 의미하며, 잠재적으로는 훨씬 더 심오할 수 있다.

수천 년 동안 전쟁은 인간의 고유 영역이었다. 인간은 전쟁을 치르는 주체이자 의사 결정자, 전투원이었다. 즉, 우리 인간이 전쟁을 독점하고 있었던 것이다. 하지만 로봇이 등장하면서, 전쟁에 대한 독점권이 로봇에게 넘어가고 있다고 해도 과언이 아니다. 군사용 로봇으로 인해 전쟁을 수행하는 주체가 바뀌고, 전사의 경험과 정체성이 재정의된다. 이로써 역사적으로나 미래에도 엄청난 영향을 미칠 패러다임의 전환이 우리 시대에 펼쳐지고 있는 것이다.

군사용 로봇의 강점이 동전의 한쪽 면에 불과하다는

점을 인식하는 것이 중요하다. 이러한 장점은 매우 현실적이고 설득력이 있지만, 군사용 로봇을 둘러싼 이야기는 훨씬 더 미묘하고 복잡하다. 이면에는 군사용 로봇과 관련된 단점과 중요한 윤리적, 전략적, 실용적 과제가 포함되어 있다. 이 주제가 왜 이렇게 다방면에 걸쳐 있고 격렬한 논쟁을 불러일으키는지 완전한 이해를 위해서는 이러한 문제를 자세히 살펴볼 필요가 있다.

첫째, 군사용 로봇이 정치에 미치는 효과를 살펴보자. 무인 군사용 로봇의 주요 이점 중 하나는 인명 피해를 줄일 수 있다는 점이다. 이는 전쟁이 인명 피해 측면에서 비용이 적게 든다는 인식으로 이어질 수 있으며, 결국 군사력 사용에 대한 대중과 정치권의 태도에 영향을 미칠 수 있다. 전쟁이 즉각적인 인명 피해가 적어 보이기 때문에 더 수용 가능하고 심지어 바람직한 선택으로 여겨질 수 있다는 것이다. 대중이 군사 행동이 비용이 들지 않거나 덜 위험하다고 인식하면 정치 지도자는 무력 사용을 정당화하고 지지를 얻기가 더 쉬워질 수 있다. 인적, 정치적 비용이 최소화되는 것처럼 보이므로 군사 분쟁의 문턱이 낮아질 수 있다.

둘째, 군사용 로봇이 전쟁에서 사용되면서 그 전쟁은 엔터테인먼트의 뉘앙스를 가진 유튜브 전쟁으로 변모할 수 있다. 드론과 같은 최신 군사 기술에는 전투 작전의 고화질 영상과 이미지를 녹화하는 첨단 카메라와 센서가 장착되어 있다. 이러한 영상은 실시간으로 디지털 방식으로 대중에게 배포될 수 있다. 유튜브와 같은 디지털 플랫폼은 이미 이라크와 같은 분쟁 지역에서 주로 드론으로 수집한 수천 개 비디오 영상의 저장소가 되었다. 대중에게 전투 영상의 공개는, 군사 작전을 직접 확인할 수 있다는 점에서 큰 장점으로 보일 수도 있다.

이러한 전쟁 동영상은 군인들 사이에서 '전쟁 포르노(war porn)'라고 불린다. 섹스에 대한 실제 경험은 적으면서 야한 동영상만 많이 보게 되면, 섹스에 대한 왜곡된 개념이 형성되듯이, 전쟁 경험은 거의 없으면서 전쟁 동영상을 많이 보면, 전쟁에 대한 왜곡된 관점이 대중 사이에 형성되기 마련이다.

이는 마치 선수들이 작은 인물로 등장하는 프로 농구 경기를 TV로 보는 것과 액션의 규모와 강렬함을 온전히 느낄 수 있는 경기장에 직접 가는 것의 차이와 비슷하다. TV에서 선수들이 실수를 하면 그것을 인정하지 못하고 비난을 쏟아붓는 것이 농구 자체에 대한 왜곡된 인식이 형성되었다는 증거가 된다.

미래에는 로봇이 인간을 대신해서 전쟁을 치르겠지

만, 이런 전쟁을 결정하는 것은 우리 인간이다. 하지만 전쟁에 대한 인간의 심리적 관점은 '전쟁 포르노'로 인해 많이 왜곡되어 있다. 전쟁에 대한 왜곡된 심리를 가진 지도자가 전쟁을 선포하고, 시민들 역시 전쟁에 대한 왜곡된 관점이 형성되었기 때문에 그런 지도자의 결정에 전폭적으로 동의하는 일이 벌어질 것이다.

셋째, 군사용 로봇은 실제 전투에 참여하지는 않지만, 멀리에서 로봇을 조정하는 인간 군인의 심리와 정체성에 부정적 영향을 미칠 수 있다. 이런 군인을 '칸막이방 전사(cubicle warrior)'라고 부른다. 드론 조종사와 같이 실제 전장에서 떨어진 원격지에서 전투 작전에 참여하는 군인을 일컫는 말이다. 예를 들어, 드론 조종사는 네바다에 있는 동안 이라크에서 임무를 수행할 수 있다.

칸막이방 전사는 격렬한 전투 상황에서 단기간 내에 일상으로 전환할 수 있다. 드론 조종사는 12시간 동안 적 전투원을 사살한 후 집으로 돌아가 가족과 함께 저녁 식사를 하고 자녀의 숙제를 논의할 수 있다. 사실 스트레스가 많은 전투 환경에서 일상적인 가정생활로 갑작스럽게 전환하는 것은 혼란스럽고 정신적으로 관리하기 어려울 수 있다.

드론 조종사는 전장에 직접 투입되지는 않지만, 전투

지역에 실제로 배치된 일부 부대원에 비해 PTSD 발생률이 더 높은 경우가 많다. 조종사는 멀리서 폭력적인 행동을 목격하고 참여하기 때문에 원격 전쟁의 심리적 피해는 심각할 수 있다.

문제는 실제 전투에 참여한 군인들이 겪는 PTSD와 칸막이방 전사가 겪는 PTSD는 그 성격이 다르다는 것이다. 이는 PTSD를 치료하는 방식에서도 둘 간에 차이가 있어야 할 텐데, 과연 의료계에서는 그러한 치료 방식이 마련되어 있는지 확실하지 않다.

칸막이방 전사에게는 윤리적 문제도 발생한다. 원격 전쟁으로 인한 물리적, 정서적 거리감은 전투의 인간적 결과로부터 단절로 이어질 수 있다. 일부에서는 이러한 단절로 실제 폭력보다 비디오 게임처럼 느껴져 전쟁 범죄를 구상하거나 저지르기 쉬워질 수 있다고 우려한다. 원격 전투의 경험은 비디오 게임에 비유되기도 한다. 사람들이 가상 세계에서 현실에서는 고려하지 않을 행동을 하는 것처럼, 원격 작전으로 인한 거리감은 인간적 고통을 둔감하게 만들 수 있다.

넷째, 군사용 로봇은 다른 복잡한 기술 시스템과 마찬가지로 센서, 통신 시스템, 소프트웨어에 잠재적인 약점이 있다. 군사용 로봇에 대한 사이버 공격은 다양한 형태로 이루어질 수 있다. 악성 소프트웨어를 로봇의 시스템에 삽입해 공격자가 로봇을 제어하거나 작전을 방해할 수 있다. 그리고 작전 계획이나 실시간 센서 피드와 같은 민감한 데이터를 가로채 정보 목적으로 사용할 수 있다. 또한 공격자는 로봇을 제어해 로봇을 운영자에게 불리하게 만들거나 승인되지 않은 작업을 수행하는 데 사용할 수도 있다. 군사용 로봇이 사이버 공격에 취약하다는 사실이 알려지면 군인과 일반인 모두 해당 시스템에 대한 신뢰가 약화될 수 있다. 이는 중요한 작전에 로봇을 배치하는 것을 꺼리게 만들 수 있다.

다섯째, 무인 시스템, 자율 무기, 사이버 능력 등 21세기 군사 기술의 급속한 발전은 전쟁을 규율하는 기존의 법적 틀을 앞지르는 상황이다. 제네바 협약과 헤이그 협약과 같은 현행 전쟁법의 대부분은 20세기에 제정되었다. 이러한 법은 국가 간의 전통적인 전투와 재래식 무기의 사용이 특징이었던 당시 전쟁의 특성에 맞게 고안되었다.

21세기에는 이러한 오래된 법률 체계에서는 예상하지 못했던 첨단 기술이 발전했다. 무인 시스템, 자율 무기, 사이버 능력은 기존의 규범과 규정에 도전하는 새로운 전쟁 방식을 도입한 것이다. 전쟁법을 21세기 기술에 적용하려면 전 세계적인 합의가 필요할 것이다. 현대 전쟁의 윤리적, 법적, 현실적 문제를 해결하기 위한 새로운 규범과 기준을 수립하기 위해서는 국제 협력이 필수다.

살상무기가 되어 버린 인간의 창의성

인간은 창의성을 바탕으로 우주 탐험과 같은 놀라운 업적을 달성해 왔으며, 우리 종을 별까지 데려다주었다. 창의성은 인간의 사랑과 연결의 본질을 포착한 예술과 문학 작품에서 볼 수 있듯이 우리의 감정과 경험을 표현하는 수단이기도 하다.

창의성은 이제 SF소설의 소재였던 기능을 갖춘 첨단 전투 로봇의 개발로 이어지고 있다. 기술의 발전으로 완전히 새로운 형태의 생명체가 탄생할 가능성이 높아지면서 유기적인 것과 합성적인 것의 경계가 모호해지고 있을 정도다. 인류의 창의적인 업적에도 불구하고 첨단 기계 발전의 주요 원동력 중 하나는 갈등과 전쟁에 대한 인간의 성향이다. 적보다 전략적 우위를 점하려는 욕구는 점점 더 정교하고도 치명적인 전쟁 로봇 기술을 개발하는 원동력이 되었다. 결국 인간의 창의성은 이제 전쟁에서 치명적인 무기가 되는 로봇의 등장을 유도해 인간을 다치게 하고 죽이는 데 큰 역할을 하는 아이러니한 상황이 발생하고 있다.

우리가 창작한 새로운 종인 전투 로봇의 윤리적, 도덕적 함의에 대해 사려 깊고 비판적인 대화를 나누어야 할 때다. 이로써 우리는 우리의 창의성이 평화와 이해, 인류의 발전을 촉진하는 데 사용되는 미래를 향해 노력해야 할 것이다.

참고문헌

Burri, S.(2017). What Is the Moral Problem with Killer Robots?. In Jenkins, R. et al.(eds.). *Who Should Die?: The Ethics of Killing in War,* pp.163~187. Oxford University Press.

Enemark, C.(2013). *Armed Drones and the Ethics of War: Military Virtue in a Post-Heroic Age.* Routledge.

Robillard, M.(2024). The ethics of weaponized AI. In Veliz, C.(ed.). *The Oxford Handbook of Digital Ethics,* pp.631~651. Oxford University Press.

Singer, P. W.(2009). *Wired for War: The Robotics Revolution and Conflict in the 21st Century.* Penguin Press.

Uria-Recio, P.(2024). *How AI Will Shape Our Future: Understand Artificial Intelligence and Stay Ahead.* Pedro Uria-Recio.

06

우주로 나아가는 로봇

우주 경쟁의 역사적 시작과 그로 인한 미국과 소련 간의 기술적 경쟁, 그리고 이후 로봇을 활용한 우주 탐사의 발전을 다룬다. 더 나아가 자율성 요구 수준이 낮은 국제우주정거장의 로봇부터, 자율성이 점점 더 높아지고 있는 화성 탐사 로봇, 자율성과 이동성에 대한 요구 수준이 가장 높은 소행성 채굴 로봇에 이르기까지 다양한 우주 로봇을 살펴본다.

AI와 민주주의?

우주 경쟁과 로봇

우주 경쟁은 1957년 극적으로 시작된 미국과 소련 간의 중요한 냉전 경쟁으로 부상했다. 소련은 1957년 10월 4일 인류 최초의 인공위성인 스푸트니크 1호(Sputnik-1)를 지구 궤도에 쏘아 올리며 인류의 우주 탐사 진출을 알렸다. 이 성과는 소련의 기술력을 입증하는 동시에 같은 로켓 기술로 핵무기를 운반할 수 있다는 점에서 미국에 경각심을 불러일으켰다.

한 달 후 스푸트니크 2호는 라이카(Laika)라는 개를 우주 궤도에 올리며 최초의 우주 생명체를 탄생시켰다. 라이카는 임무에서 살아남지 못했지만, 미래의 인간 우주 비행에 중요한 생물학적 데이터를 제공했다.

소련의 진전에 놀란 미국 정부는 신속하고 전략적으로 대응했다. 1958년 미국 정부는 항공우주국(NASA, 나사)을 신속하게 설립해 우주 탐사 경쟁에 국가적 노력을 기울이겠다는 의지를 표명했다. 이는 대규모 기술 투자, 야심 찬 우주 임무, 치열한 국제 경쟁으로 특징지어지는 시대의 시작을 알렸다.

나사의 첫 번째 주요 계획은 인간을 달에 착륙시키는 목표의 아폴로 프로그램(Apollo Program)이었다. 수년간의 테스트와 좌절(가령, 1967년 비극적인 아폴로 1호의 화재) 끝에 1969년 7월 20일 아폴로 11호를 통해 이 프로그램은 목표를 달성했다.

우주비행사 닐 암스트롱(Neil Armstrong, 1930~2012)과 버즈 올드린(Buzz Aldrin, 1930~)은 인류 최초로 달 위를 걸으며 역사를 만들었다.

아폴로 11호 임무에는 로봇이 포함되지 않았지만, 나사는 후속 임무에 로봇 시스템을 통합하기 시작했다. 이러한 로봇은 지구와의 거리 및 작동 복잡성과 상관관계가 있는 자율성 수준에 따라 세 가지 범주로 분류된다.

첫째, 국제우주정거장(ISS)에서 작동하는 로봇이다. 이런 로봇은 인간 우주비행사와 근접해 다양한 작업과 과학 실험을 지원하므로 저수준의 자율성이면 충분하다. 둘째, 화성 탐사 로봇이다. 이런 로봇은 지구와 화성 사이의 광활한 거리 때문에 중수준의 자율성이 필요하다. 셋째, 소행성 채굴 로봇이다. 이런 로봇은 멀리 떨어진 소행성에 접근하고, 불규칙한 표면에 착륙하며, 복잡한 채굴 작업을 수행하고, 귀환 궤적을 탐색하며, 독립적인 운영 결정을 내리기 때문에 고수준의 자율성이 필요하다.

국제우주정거장의 지원 로봇

국제우주정거장에서는 적당한 수준의 자율성을 갖춘 로봇을 활용해 우주라는 열악한 환경에서 작업을 수행하며 우주비행사를 돕고 효율성을 향상한다.

중요한 로봇 중 하나는 덱스터(Dextre)다. 캐나다에서 개발한 덱스터는 로봇 팔의 입증된 기능을 기반으로 캐나다암(Canadarm)이라는 로봇 팔의 기술을 발전시킨 제품이다. 2008년에 국제우주정거장으로 발사된 이 정교한 로봇은 고정밀 조작을 위해 설계된 첨단 로봇 '팔'이 장착된 두 개의 관절형 팔이 특징이다. 덱스터의 주요 목적은 우주정거장 외부의 유지보수, 수리, 탑재물 취급을 지원하는 것이다. 이 외에 다양한 특수 도구와 장비도 다룰 수 있다. 우주비행사는 덱스터를 사용해 우주유영과 관련된 일부 위험과 신체적 요구를 피할 수 있다. 덱스터가 반복적이거나 육체적으로 힘든 작업을 수행할 수 있어 우주비행사는 우주정거장 내에서 더 복잡한 활동을 할 수 있는 시간을 확보할 수 있다.

국제우주정거장에 등장한 또 다른 로봇으로 로보넛(Robonaut)이 있다. 이 로봇은 나사와 GM이 2011년에 공동으로 개발한 휴머노이드 로봇이다. 이 로봇은 14개의 자유도를 갖춘 손을 장착해 볼트를 조이거나 섬세한 장비를 다루는 등 인간이 설계한 도구를 정밀하게 조작할 수 있다. 센서가 장착된 민첩한 손은 사람의 도구를 정밀하게 다룰 수 있어 우주비행사의 업무량과 피로를 줄여 주는 소중한 조력자 역할을 한다.

2019년에 국제우주정거장에 도입된 애스트로비(Astrobee)라는 소형 비행 로봇이 있다. 애스트로비는 폭이 12cm이며 전기 팬을 이용해 추진력을 얻는다. 이 로봇에는 카메라, 내비게이션 센서, 착지용 팔이 장착되어 있어 에너지를 절약하면서 정거장 난간을 안정적으로 잡을 수 있다. 애스트로비는 국제우주정거장 내의 소모품과 장비를 추적해 우주비행사들이 필요한 물품에 접근할 수 있도록 지원한다. 그리고 통합 카메라가 장착된 이 로봇은 실험과 그 과정을 문서화해 우주비행사가 수동으로 활동을 기록할 필요성을 줄여 준다. 또한 애스트로비는 정거장 내 화물 이동을 지원한다.

화성 탐사 로봇

실제로 화성은 여러 가지 매력적인 이유로 나사의 탐사 노력의 중심이 되었다. 극지방의 만년설, 계절별 날씨 패턴, 계곡과 화산 같은 지질학적 특징 등 지구와 유사한 특성으로 인해 화성이 행성의 진화와 생명체 존재 가능성을 연구하는 데 가장 적합한 후보지이기 때문이다. 아폴로 임무의 성공 이후 화성은 인류의 우주 탐험에서 다음 단계가 되었다. 이는 화성이 종종 미래의 인류 식민지화를 위한 잠재적 장소로 여겨지기 때문이다.

로봇을 활용해 이런 화성을 탐사하려는 노력은 1976년부터 시작되었다. 이러한 노력으로 화성의 지질과 기후부터 생명체 서식 가능성에 이르기까지 화성에 대한 지식이 크게 향상되었다.

1976년 바이킹 프로그램(Viking Program)에서 바이킹 1호와 2호 착륙선은 화성에 성공적으로 착륙해 심도 있는 과학 조사를 수행한 최초의 우주선이다. 가스 크로마토그래프(유기 화합물 혼합체 분석기), 질량 분석기, 생물학 실험, 기상학 장비를 갖춘 바이킹 탐사선은 화성의 토양과 대기를 종합적으로 분석하는 작업을 수행했다. 주요 목표는 과거 또는 현재 생명체의 흔적을 찾는 것이었다. 결과는 결정적이지 않았지만, 이 탐사에서 화성의 환경에 대한 귀중한 데이터를 얻을 수 있었다. 바이킹 프로그램은 향후 탐사를 위한 토대를 마련하고 화성에 과학 장비를 착륙시키고 작동할 수 있는 가능성을 입증했다.

두 번째 화성 탐사는 1997년 나사의 화성 패스파인더

(Pathfinder) 임무로 시작되었다. 패스파인더 임무에는 화성에서 작동한 탐사 착륙선인 소저너(Sojourner)가 포함되어 있었다. 소저너는 화성 표면을 탐사한 최초의 착륙선으로, 기동성과 실시간 데이터 전송에 중요한 진전을 이루었다. 소저너는 사전에 설정된 경로를 따라 주로 지구에서 통제되었지만, 암석과 토양을 성공적으로 분석해 화성의 지질 및 기후 역사에 대한 통찰력을 제공했다. 이 패스파인더 임무는 대중의 상상력을 사로잡았고 더 발전된 로봇 임무의 발판을 마련했다.

2004년의 스피릿(Spirit)과 오퍼튜니티(Opportunity)는 화성 탐사선의 세 번째 물결을 대표하고, 놀라운 자율성과 기동성을 자랑했다. 이 두 로봇 탐사선은 소저너보다 더 큰 자율성을 가지고 지형을 더 효과적으로 탐색할 수 있었다. 물이 많았던 화성의 과거와 관련된 중요한 과학적 발견을 이뤘다. 두 탐사선은 계획된 임무 기간을 초과해 오퍼튜니티는 15년 동안 운영되었다. 스피릿은 물로 변화된 암석과 화산 활동의 증거를 발견했고, 오퍼튜니티는 퇴적암 퇴적물을 발견해 화성의 과거 물 활동 이론을 더욱 뒷받침했다.

2012년에는 정교한 과학 실험실을 갖춘 자동차 크기의 탐사선 큐리오시티(Curiosity)가 화성에 착륙했는데,

이는 화성 탐사선으로서 네 번째 물결이었다. 큐리오시티에는 레이저를 발사하는 첸캠(ChemCam)과 암석 샘플 수집용 드릴을 비롯한 정교한 장비가 장착되어 있었다. 큐리오시티는 자율적으로 탐색하고 경로를 계획하며 과학적 목표를 선택할 수 있지만, 주요 결정은 여전히 지구에 의존한다. 이 탐사선은 고대 담수 호수와 유기 분자의 증거를 발견해 과거 화성에 미생물이 살았을 수 있음을 암시해 주었다. 큐리오시티의 셀카와 고해상도 이미지는 대중의 마음을 사로잡았고 화성의 풍경을 시각적으로 이해할 수 있게 했다.

2021년 2월에는 퍼서비어런스(Perseverance) 탐사선이 화성에 착륙했다. 퍼서비어런스는 큐리오시티의 성공을 바탕으로 탐사를 위한 더욱 향상된 기능을 갖추고 있었다. 생명체가 살 수 있는 고대 환경을 확인하고, 암석 샘플을 수집하며, 화성 대기에서 산소를 생산하는 실험을 수행하는 것을 목표로 했다. 2021년 4월에 다른 행성에서 최초로 동력 비행에 성공해 중요한 기술적 이정표를 세운 인제뉴이티(Ingenuity) 헬리콥터와 함께했다. 퍼서비어런스가 수집한 데이터와 샘플은 향후 유인 탐사 임무를 지원하고 화성의 생명체 존재 가능성에 대한 이해를 심화하기 위한 것이었다.

소행성 채굴 로봇

새롭게 떠오르는 우주 채굴 분야는, 우주에서 자원을 추출하고 활용하는 방식을 혁신적으로 바꾸고 있다. 첨단 로봇과 기술의 발달로 우주 채굴의 실현 가능성이 점점 높아지고 있으며, 이미 여러 임무를 통해 그 잠재력이 입증되었다.

소행성 채굴은, 지구와 소행성의 근접성과 귀금속, 물, 희귀 광물 등 귀중한 자원을 포함하는 것으로 알려진 소행성의 구성으로 큰 주목을 받아왔다.

2016년 나사의 오시리스-렉스[OSIRIS-REx; Origins, Spectral Interpretation, Resource Identification, Security and Regolith Explorer(기원, 스펙트럼 해석, 자원 확인, 안전, 표토 탐사선)] 임무와 2014년 일본의 하야부사 2호(Hayabusa-2) 임무는 소행성에서 샘플을 채취해 지구로 귀환하는 능력을 성공적으로 입증해, 태양계 형성과 소행성에서 이용할 수 있는 잠재적 자원에 대한 귀중한 통찰력을 제공했다.

오시리스-렉스는 지구 근처 소행성 베누(Bennu)에서 샘플을 성공적으로 수집해 2023년에 지구로 귀환했다. 이 임무에서 정밀 탐색, 표면 상호작용, 재진입 물류가 시연되었다. 샘플을 통해 태양계 형성과 현장 자원 활용을 이해하는 데 중요한 수분 함유 광물 및 유기 화합물을 발견했다. 하야부사 2호는 소행성 류구(Ryugu)를 탐사해 탐사선과 착륙선을 배치하고 인공 분화구를 만들어 지하 샘플을 수집한 후 2020년에 지구로 귀환했다. 이 임무는 국제적인 협력과 지하 접근을 위한 운동 임팩터와 같은 첨단 기술을 강조했다.

2015년부터 플래니터리리소스(Planetary Resources)와 딥스페이스 인더스트리(Deep Space Industries) 같은 민간 기업도 소행성 채굴 분야에서 상당한 진전을 이루며 소행성 근처 근접 작전을 위해 설계된 첨단 기술 및 우주선을 개발하고 있다.

2009년에 설립된 플래니터리리소스는 아키드(Arkyd) 우주선 시리즈를 활발히 개발해 왔다. 소행성 근처 근접 작전에 필요한 항공 전자 공학, 고도 제어 시스템, 추진 시스템을 검증하기 위한 노력의 중요한 이정표가 된 것은 2015년에 아키드를 배치했을 때다. 아키드의 성공은 민간 기업이 소행성 근처에서 운영할 수 있는 첨단 우주선을 개발하고 배치할 수 있는 잠재력을 보여 주었다.

2013년에 설립된 딥스페이스도 소행성 채굴 분야에서 상당한 진전을 이루었다. 2017년 프로스펙터-X(Prospector-X) 임무를 발사해 미래의 소행성 채굴 작업에 필수적인 최첨단 기술을 테스트했다. 이 임무는 물 기반 추진 시스템, 광학 항법 시스템, 심우주 환경을 위한 특수 항공 전자공학의 실현 가능성을 입증했다. 이러한 기술은 효율적이고 효과적인 소행성 채굴 작업에 매우 중요하다.

달 채굴에는, 나사가 달과 행성 발굴을 위해 2010년에 설계한 레이저(RASSOR, Regolith Advanced Surface Systems Operations; 표토 첨단 표면 시스템 운영) 같은 다양한 유형의 로봇이 필요하다. 레이저는 역회전 버킷 드럼이 장착된 100파운드의 양팔 로봇으로, 견인력에 의존하지 않고 표토(달 표면의 돌가루 모양의 물질)를 굴착하도록 설계되었다. 레이저는 혁신적인 설계로 최소한의 힘으로 달의 흙을 퍼낼 수 있어 달의 저중력 환경에 더 효율적이고 적응력이 뛰어나다.

참고문헌

Uria-Recio, P.(2024). *How AI Will Shape Our Future: Understand Artificial Intelligence and Stay Ahead.* Pedro Uria-Recio.

Veliz, C.(2024). *The Oxford Handbook of Digital Ethics.* Oxford University Press.

07
성차별을 당하는 로봇

인간의 감각운동 지각과 신체성에 대한 이해를 바탕으로, 섹스봇 기술의 발전이 어떻게 인간의 성적 경험과 윤리적 인식에 도전하는지를 분석한다. 섹스봇은 사용자의 촉각, 시각, 청각을 모사하며 상호작용하지만, 그 과정은 진정한 상호성이 결여된 감각의 시뮬레이션일 뿐이다. 이러한 기술은 인간의 감각을 자극하며 쾌락을 제공하지만, 동시에 성적 대상화를 강화하고 성차별적 고정관념을 재생산하며, 동의, 책임, 타자성과 같은 핵심 윤리 개념을 모호하게 만든다.

AI와 애니메이션?

육체수용감각으로서 섹스와 섹스봇

사람의 몸은 감각운동 지각(sensorimotor perception)의 중심지다. 감각운동 지각은 인간이 감각 정보와 운동 작용을 사용해 환경을 지각하고 환경과 상호작용하는 과정이다. 감각운동 지각에는 몇 가지 종류가 있다.

하나는 고유수용감각(proprioception)이다. 이는 시각적 단서에 의존하지 않고도 우리 신체 부위의 위치, 움직임, 방향을 지각할 수 있게 하는 감각이다. 다른 하나는 내수용감각(interoception)으로, 이는 우리 몸의 내부 감각과 생리적 상태를 지각하고 이해할 수 있게 해 주는 감각이다. 이 두 감각운동 지각은 한 사람의 몸에서 일어나는 과정이다.

한 사람의 몸과 다른 사람의 몸 사이에서 작용하는 감각운동 지각인 육체수용감각(corporoception)도 있다. 이는 한 몸의 형상을 다른 몸의 방위에 상대적으로 지각하는 능력이다. 즉, 한 몸과 다른 몸의 관계를 신체적으로 이해하는 능력이다. 육체수용감각을 가장 잘 표명하는 것이 인간의 섹스(sex)다. 섹스는 내 신체와 파트너의 신체가 상호작용하는 가장 대표적인 방식이다. 섹스에는 이성이 개입할 여지는 없다. 섹스는 촉각, 미각, 후각, 청각 등 감각이 완전히 관여하는 깊이 있는 경험이다. 한 신체가 다른 신체와 물리적으로 연결되면 다양한 생리적 반응이 일어난다. 먼저 옥시토신(유대감 형성 호르몬), 도파민(쾌락과 보상), 엔도르핀(통증 완화 및 행복감) 같은 호르몬이 방출되어 정서적 연결에 기여한다. 그리고 신경계가 활성화되어 자율 신경계는 교감 신경 흥분(욕망, 흥분)과 부교감 신경 이완(친밀감, 여운) 사이를 오가며 연결의 밀물과 썰물을 반영한다. 마지막으로 친밀한 순간에는 심박수, 호흡 패턴, 심지어 신경 활동까지 파트너 간에 동기화되어 일체감을 강화하는 경향이 있다. 더 나아가 섹스는 단순한 신체적 행위가 아니라 소통의 한 형태다. 파트너는 신체적 상호작용으로 애정, 신뢰, 취약성, 심지어 힘의 역학 관계까지 표현한다.

섹스가 두 인간의 신체가 관여하는 행위지만, 로봇공학과 AI의 급속한 발전으로 섹스의 파트너가 로봇으로 대체될 수도 있다. 이런 과학기술의 발전으로 섹스 로봇, 즉 섹스봇(sexbot)이 현재 시중에 나와 있는 섹스 인형보다 훨씬 더 대중화될 것으로 예상된다. 섹스봇의 현상에 대해 많은 논의가 있다. 섹스봇을 지지하는 사람들은 개인의 자유를 주장하고 섹스봇을 성적 욕구를 위한 건전하고 맞춤화된 출구로 상상하는 등 이점을 긍정적으로 본다. 하지만 섹스봇에 심각한 윤리적 우려를 표명하는 사람들도 있다. 이들은 섹스봇이라는 개념 자체가 본질적으로 불안하거나 오싹하다고 생각한다. 이러한 불편함은 순전히 성적인 하인으로 설계된 섹스봇이 사용자의 모든 욕구를 의심이나 저항 없이 충족시킬 수 있도록 제공된다는 개념에서 비롯된다. 그리고 이러한 섹스봇이 정서적, 성적 욕구를 충족시킴으로써 전통적인 인간관계와 출산에 대한 욕구가 감소함에 따라 자연스럽게 인구 감소가 일어날 것이다.

이러한 다양한 논쟁 속에서 섹스봇은 어쨌든 로봇의 한 종류로 자리매김할 것이다. 이제 섹스봇의 현 상황 및 발전 양상과 그것이 제기할 수 있는 윤리적 문제에 관심을 기울일 때가 온 듯하다.

섹스봇의 현 상황과 발전

로봇과 인간의 섹스는 순전히 미래의 개념이 아니라 이미 더 발전된 섹스봇의 선구자인 섹스 인형의 형태로 존재한다. 이는 1960년대 후반 포르노 잡지에 광고된 풍선 섹스 인형이라는 초보적인 기원에서부터 시작했다. 1970년대에는 라텍스와 실리콘이 도입되면서 섹스 인형의 내구성과 사람처럼 보이는 외형이 모두 개선되는 중요한 발전이 이루어졌다.

전통적인 섹스 인형에서 AI 기반 섹스봇으로의 전환에 크게 기여한 사람은 미국의 기업가 매트 맥멀런(Matt McMullen)이다. 그는 1997년부터 인체의 시각적, 촉각적, 무게적 특성을 그대로 모방하도록 설계된 사실적인 관절이 있는 실리콘 고무 마네킹인 리얼돌(RealDoll)을 제작했다. 리얼돌은 친밀한 동반자 역할을 하도록 고안되었다. 또한 얼굴과 몸통을 교체할 수 있도록 해 다양성을 제공했다. 해부학적 정확성에 대한 초기 비판을 계기로 맥멀런은 디자인을 더욱 개선해 2009년에는 백금 경화 실리콘을 채택해 내구성과 사실감을 향상했다. 업데이트된 모델에는 탈착식 부품과 자석으로 부착된 얼굴이 포함되었다. 2023년까지 리얼돌은 여성 29개, 남성 10개 보디와 교체 가능한 얼굴, 액세서리, 맞춤형 디자인 트랜스젠더 인형 등 다양한 옵션을 제공했다.

리얼돌을 비롯한 제조업체들은 제품에 AI를 통합해 2018년까지 대화에 참여하고 정보를 기억하며 감정을 표현할 수 있는 새로운 모델을 출시했다. 2023년 리얼돌은 5개의 AI 지원 모델을 제공하고 있으며, 그중 '하모니(Harmony)'가 가장 인기가 높다. 이 AI 로봇은 모바일 앱을 통해 광범위한 커스터마이징 옵션을 제공해 사용자가 다양한 성격과 목소리 중에서 선택할 수 있어 동반자와의 교감과 개인화 느낌을 더욱 강화할 수 있다.

하모니와 같은 AI 섹스봇은 동반자 의식과 소속감을 제공할 수 있는 몇 가지 주요 기능을 갖추고 있다.

첫째, 사실적인 대화가 가능한 정교한 AI를 갖추고 있어 사용자가 의미 있는 대화에 참여하고 다양한 주제에 대해 토론하며 장난스러운 농담에도 참여할 수 있다.

둘째, 사용자에 대한 정보를 기억하고 과거의 대화와 개인 취향을 기억해 시간이 지남에 따라 더 깊은 관계를 구축하고 진정한 관계의 환상을 강화할 수 있다.

셋째, 이러한 섹스봇은 얼굴 표정과 목소리 억양을 통해 다양한 감정을 전달할 수 있어 정서적 유대감과 공감대를 형성할 수 있다.

넷째, AI에는 학습 기능이 포함되어 있어 사용자의 상호작용과 피드백에 따라 반응과 행동을 조정하고 미세 조정할 수 있다.

일본에서는 초현실적인 디자인부터 만화 같은 디자인까지 다양한 섹스봇에 깊은 감정적 애착을 느끼는 사람들이 늘어나고 있다. 섹스봇 애호가들은 성적인 교감을 넘어 로봇 동반자와 산책을 하거나 심지어 결혼까지 하는 것으로 알려졌다. 일본에서 이런 섹스봇의 연간 판매량은 2023년 기준 약 2500대로, 기본 모델의 경우 평균

5000달러, 맞춤형 버전의 경우 최대 5만 달러의 비용이 든다고 한다. 인간과 섹스봇 사이의 정서적 유대감이 증가하고, 향후 비용 절감으로 이 기술이 더 광범위하고 잠재적으로 불균등하게 채택된다면, 그에 따른 다양한 윤리 문제도 제기될 것이다.

섹스봇의 윤리적 문제

로봇의 기능과 복잡성의 발전으로 엔지니어들은 로봇공학 분야에서 자연스럽게 섹스봇 제작에 눈을 돌리게 되었다. 이에 대응해 철학자와 미디어 평론가들은 섹스봇의 개발을 둘러싼 윤리적 문제, 특히 여성을 표현하는 것과 관련된 윤리적 문제에 관심을 갖기 시작했다.

섹스봇에 관한 근본적이고 두드러진 질문은 섹스봇의 외모와 행동 측면에서, 여성을 어떻게 표현하고 묘사하는지에 관한 것이다. 섹스봇은 여성이 어떻게 생겨야 하는지, 어떻게 행동해야 하는지에 대한 생각을 전달할 것이다. 여성의 외모와 행동에 대해 전달되는 생각은 잠재적인 부정적 영향 때문에 문제가 있는 것으로 간주된다.

섹스봇, 일반적으로 '여성 섹스봇'은 종종 큰 입술이나 큰 가슴 등 과장된 신체적 특징과 같은 성차별적 고정관념과 과잉 성애화된 이상을 영속화하고 강화한다. 이러한 섹스봇은 지적 특성이나 감정적 특성이 아닌 신체 자체와 성적 속성을 강조해 여성을 대상화(objectification)할 위험이 크다. 또한 성적인 목적으로 여성을 모델로 한 로봇을 제작해 설계자는 여성 자체가 성관계를 위한 물건이라는 암묵적인 메시지를 전달할 위험이 있다. 여성의 이미지로 섹스봇을 만드는 것은 여성이 주로 남성에게 성적으로 이용 가능하다는 점에서 가치가 있다는 것을 암시하는 것으로 해석된다. 더 나아가 이는 섹스봇의 주된 목적이 남성의 욕구를 충족시키는 것임을 암시하는 것으로 해석할 수 있다.

섹스봇의 행동 프로그래밍은 문제가 있는 성 규범을 더욱 강화한다. 이러한 로봇은 영구적으로 성관계를 가질 수 있도록 설계되어 여성이 항상 남성에게 성적으로 접근 가능해야 한다는 생각을 조장할 수 있다. 이러한 기술은 사람들이 실제 여성을 인식하고 상호작용하는 방식을 형성할 수 있기 때문에, 이러한 우려는 개인의 태도를 넘어 더 광범위한 사회적 영향까지 확장될 수 있다.

섹스봇이 여성을 어떻게 묘사하거나 상징하는지에 대한 우려와 더불어 로봇과의 섹스 행위가 무엇을 상징하거나 의미하는지에 대한 또 다른 중요한 문제가 있다. 섹스봇이 여성을 닮도록 설계되었다는 사실을 인정한다면, 로봇과의 섹스는 실제 여성과의 섹스를 상징적으로 나타내는 행위로 해석될 수 있다. 섹스봇은 의식이 없는 기계이기 때문에 로봇 사용자가 로봇에게 동의를 구하는 일은 없을 것이다.

섹스봇이 여성을 상징한다면 동의 없이 로봇과 성관계를 갖는 것은 여성과의 비합의적 성관계, 즉 강간을 상징적으로 나타낼 수 있다. 이는 심각한 윤리적, 심리적 문제를 제기한다. 반면에 로봇이 항상 섹스에 "예"라고 대답하도록 설계되었거나, 로봇과의 섹스가 기꺼이 합의됐음을 상징한다고 가정하더라도, 이는 여전히 문제가 되는 메시지를 전달한다. 즉, 여성을 항상 성적으로 이용 가능한 존재로 묘사한다는 것이다. 이는 여성이 항상 남성의 욕구를 충족시킬 준비가 되어 있어야 한다는 해로운 고정관념을 강화할 것이다.

섹스봇이 여성을 표현하는 방식 및 동의와 관련된 문제들은 성평등을 촉진하지 않는다. 또한 이러한 문제는 논란의 여지가 많으며 이미 학계와 대중으로부터 상당한 비판을 받고 있다. 주요 우려 중 하나는 섹스봇이 만들거나 강화한 고정관념이 사람들의 행동, 특히 남성의 행동에 미치는 영향에 관한 것이다. 섹스봇이 남성이 여성을 물건처럼 취급하도록 조장하지 않을까? 복종적이고 항상 성적으로 이용 가능하며 대상화되도록 설계된 섹스봇과의 상호작용은, 남성이 실제 여성을 온전하고 동등한 인간으로서가 아니라 이용해야 할 대상으로 바라보게 할 수 있다는 점이다. 또 다른 심각한 우려는 섹스봇을 사용하면 동의 없이 성관계를 정상화하거나 성에 대한 권리에 대한 왜곡된 생각을 강화함으로써 성폭력, 특히 강간의 가능성이 높아질 수 있다는 것이다.

섹스봇이 남성의 행동을 직접적으로 악화하지 않더라도 여성을 단순한 신체로 축소하거나 항상 성적으로 이용 가능한 것으로, 여성을 평가절하해 묘사하기 때문에 본질적으로 성차별적이고 무례할 수 있다. 이는 그 자체로 도덕적, 문화적 문제로 간주된다.

섹스봇에 대한 윤리적 우려에 대한 한 가지 반론은 섹스봇이 여성을 묘사하는 방식이 독특하지 않다는 것이다. 즉, 여성을 대상화하거나 성적으로 묘사하는 유사한 표현은 이미 다른 형태의 미디어, 특히 포르노뿐만 아니라 영화와 광고에도 널리 존재한다. 또한 현대 페미니즘의 특정 가닥인 성 긍정 페미니즘(sex positive feminism)은 여성의 성적 주체성, 쾌락, 신체 긍정성의 중요성을 강조하면서 섹슈얼리티에 대해 보다 긍정적인 관점을 취한다. 이 관점에서는 성적 표현을 해로운 것으로 보기보다는 오히려 힘을 실어 주는 것으로 본다.

이처럼 섹스봇을 포르노나 광고와 같은 미디어에서 여성을 표현하는 것과 비교하며 옹호할 수 있다. 하지만 로봇은 단순히 화면 속 이미지가 아니라 물리적으로 신체화되고 움직이며 우리가 존재하는 실제 공간에서 우리와 함께 존재한다. 따라서 로봇이 여성을 표현하는 방식은 미디어 매체에서 표현하는 것보다 더 강렬하거나 다른 영향을 미칠 수 있다. 섹스봇의 존재감과 상호작용은 우리의 인식과 행동에 더 직접적이고 강력한 영향을 미칠 수 있는 것이다.

참고문헌

김동환(2024). 《인지인문학을 향하여》. 역락.

Uria-Recio, P.(2024). *How AI Will Shape Our Future: Understand Artificial Intelligence and Stay Ahead*. Pedro Uria-Recio.

Veliz, C.(2024). *The Oxford Handbook of Digital Ethics*. Oxford University Press.

08
감정을 표현하는 로봇

인간의 감각과 감정이 로봇과 본질적으로 어떻게 다른지를 설명하면서, 인간처럼 느끼고 공감하는 로봇의 개발이 가져올 기술적 진보와 윤리적 딜레마를 고찰한다.
이러한 로봇의 정서적 표현은 의료나 돌봄 등 다양한 분야에서 활용될 수 있지만, 동시에 인간관계를 대체하거나 감정적 조작, 사회적 고립, 윤리적 무감각을 초래할 위험도 존재한다.

AI와 인재 채용?

인간의 감각 대 로봇의 감각

인간은 시각, 청각, 후각, 미각, 촉각 등 오감을 통해 세상을 경험한다. 로봇과 AI는 이러한 능력 중 일부를 모방하는 데 놀라운 발전을 이루었지만, 여전히 인간의 감각을 독특하게 만드는 깊이, 감정, 인식 능력은 부족하다.

로봇은 첨단 카메라를 사용해 물체를 감지하고, 얼굴을 인식하며, 심지어 어두운 곳에서도 볼 수 있다. 어떤 면에서 로봇의 시각은 인간을 뛰어넘는다. 하지만 인간의 시각은 단순히 이미지를 처리하는 것 이상의 의미를 지니고 있다. 사람은 석양을 바라보며 경외감을 느끼지만, 로봇은 빛과 색을 인식할 뿐이다. 이처럼 보는 것과 이해하는 것의 차이가 인간의 시각을 차별화한다.

로봇은 사람보다 더 빠르게 음성을 인식하고 단어를 필사할 수 있다. 그러나 인간은 단어만 듣는 것이 아니라 감정도 듣는다. 사람은 목소리만 들어도 상대방이 행복한지, 슬픈지, 비꼬는지 알 수 있다. 반면 로봇은 어조, 유머, 맥락을 파악하는 데 어려움을 겪는다. 아무리 뛰어난 AI라도 농담을 오해하거나 누군가가 분노나 사랑으로 말하는 것을 인식하지 못할 수 있다.

로봇은 공기나 음식에서 화학물질을 감지할 수는 있지만 실제로 사람처럼 냄새나 맛을 느끼지는 못한다. 갓

구운 쿠키 냄새를 맡으면 사람은 어린 시절의 향수를 느낄 수 있지만, 로봇은 분자만 측정할 뿐이다. 마찬가지로 로봇은 초콜릿 조각의 설탕을 분석할 수는 있지만 초콜릿을 먹는 즐거움은 결코 느끼지 못한다. 미각과 후각은 기억과 감정에 깊이 연관되어 있어, 기계가 재현할 수 없는 인간 고유의 감각 능력이다.

오늘날 일부 로봇은 압력과 온도까지 감지해 물체를 느낄 수 있다고 한다. 하지만 인간의 촉각은 훨씬 더 복잡하다. 우리는 단순히 압력만 감지하는 것이 아니라 따뜻함, 고통, 편안함도 느낀다. 사랑하는 사람의 손을 잡거나 강아지를 쓰다듬는 것은 단순한 신체적 경험이 아니라 정서적 경험이다. 로봇이 언젠가 촉각의 메커니즘을 모방할 수는 있겠지만 우리 인간처럼 느끼지는 못할 것이다.

AI와 로봇은 계속 진화하고 있지만, 인간의 감각은 감정, 의미, 경험과 연관되어 있으므로 여전히 고유하다. 로봇은 언젠가 데이터 수집 측면에서 인간의 감각 능력과 비슷하거나 심지어 능가할 수도 있지만, 여전히 인간처럼 세상을 진정으로 느끼고 이해하는 능력은 부족할 것이다.

공감하는 로봇

로봇이 일상생활에 점점 더 많이 통합되면서 로봇은 더 이상 산업용 기계로만 여겨지는 것이 아니라 동반자, 조력자, 심지어 정서적 파트너로 여겨지는 등 대중의 인식이 바뀌고 있다.

친밀한 동반자로 설계된 리얼돌(RealDolls)은 이러한 변화하는 관계를 반영하는 대표적인 사례다. 이러한 로봇은 친숙하고 정서적으로 공감하는 방식으로 인간과 소통할 수 있는 능력을 보여 주며, 사회에서 휴머노이드 기계의 수용이 증가하고 있음을 강조한다.

최근 로봇공학과 AI의 발전으로, 로봇은 표면적인 모방 수준을 넘어 고통의 경험을 시뮬레이션할 수 있도록 나아가고 있다. 이는 기계의 감정적 사실주의 개발에 중요한 도약이다.

2018년 일본 오사카대학의 연구진은 인공 피부와 촉각과 통증에 대한 감정 반응을 시뮬레이션할 수 있는, 고도로 표현력 있는 얼굴을 갖춘 어린아이 같은 로봇 아페토(Affetto)를 선보였다. 이탈리아어로 '애정'을 뜻하는 아페토라는 이름은 정서적으로 매력적인 연구 플랫폼으로서의 로봇의 역할을 반영한다.

아페토의 디자인은 특히 초현실적인 얼굴 표정과 사

람 피부의 촉감을 모방한 반응형 합성 피부로 주목할 만하다. 터치하거나 전기 자극에 노출되면 116개의 고유한 얼굴 포인트를 조작해 미소, 찡그리기, 찡그린 얼굴 등 다양한 표정을 표현할 수 있다. 이러한 반응은 미리 프로그램화된 것이 아니라 압력, 온도, 충격과 같은 자극을 처리하는 고급 감각 입력 시스템과 AI 기반 신경망을 통해 생성된다. 이 시스템은 인간의 통각, 즉 통증을 감지하는 능력을 재현해 로봇이 다양한 유형의 신체 접촉에 적절하게 반응할 수 있도록 하는 것을 목표로 한다.

공감 로봇의 또 다른 주요 발전은 2020년 싱가포르 난양공과대학교(Nanyang Technological University)의 과학자들에 의해 이루어졌다. 이들의 연구는 인간의 생물학적 회복 과정과 마찬가지로 손상을 인식하고 스스로 치유할 수 있는 프로토타입 로봇을 소개했다. 이는 자가 치유 이온 젤 소재와 부상을 감지하고 수리를 시작하는 AI 알고리즘을 사용해 달성되었다. 이러한 혁신은 로봇이 장기적인 기능과 회복력을 유지하면서 자율적으로 작동해야 하는 위험한 환경에서의 애플리케이션에 상당한 가능성을 제시한다.

앞서 2013년에는 곰팡이 또는 식물 세포와 결합된 탄소 나노튜브로 구성된 사이보그 조직을 만들어 로봇 감각 개발에 대한 새로운 접근 방식을 도입했다. 이러한 하이브리드 소재는 열과 압력에 반응해 온도에 민감한 로봇공학 분야에 적합하다. 가볍고 비용 효율적이며 성형이 가능한 이 소재는 로봇에 환경 변화를 감지하는 기능을 부여해 산업 현장이나 재난 지역에서 조기 경보 시스템으로 작동할 수 있게 해 준다. 예를 들어, 이러한 조직이 내장된 로봇은 기계 과열을 감지해 적시에 개입함으로써 사고를 예방할 수 있다.

공감 로봇의 윤리

통증을 감지하고 시뮬레이션할 수 있는 로봇의 개발은 단순히 기술적 성과에 그치지 않고 인간과 로봇의 상호작용의 정서적, 윤리적 차원을 심화한다. 특히 일본과 같은 고령화 사회에서 공감 로봇은 의료 및 노인 돌봄 분야에서 환자의 웰빙을 모니터링하고 정서적으로 지능적인 지원을 제공하는 데 중요한 역할을 할 수 있다. 불편함이나 부상에 대한 인간의 반응을 모방하는 로봇의 능력은 특히 민감한 환경에서 보다 자연스럽고 신뢰에 기반을 둔 상호작용을 가능하게 한다.

그러나 로봇이 고통과 감정 상태를 표현할 수 있게 되면서 새로운 철학적, 윤리적 문제가 제기되고 있다.

시급한 윤리적 문제 중 하나는 의식의 착각(illusion of consciousness)이다. 로봇이 고통과 감정을 설득력 있게 모방한다면 사람들은 로봇을 진정한 지각이 있는 존재로 인식할 수도 있다. 이는 실제로 감정을 느끼지 않는 기계에 깊은 애착을 형성하는 감정 조작으로 이어질 수 있다. 기업은 이러한 감정적 연결을 악용해 기부나 소비를 유도할 수 있다. 고통스러운 척하도록 설계된 고객 서비스 로봇이나 간병 로봇과 같이, 영리를 목적으로 인간의 행동에 영향을 미치는 로봇을 사용할 수 있다.

이를 해결하기 위해서는 AI 개발의 투명성이 필수다. 로봇은 의식이 없는 개체로 명확하게 표시해 속지 않도록 해야 한다. 또한 로봇이 인간의 감정을 비윤리적으로 조작하지 않도록 윤리적 설계 기준을 마련해야 한다. 대중에게 AI 감정의 본질을 교육함으로써 사회는 기계 감성에 대한 오해를 방지하고 감정적 착취의 위험을 줄일 수 있다.

또 다른 중요한 쟁점은 고통을 시뮬레이션하는 로봇에게 동물에게 부여되는 것과 유사한 권리를 부여해야 하는지다. 사회가 고통과 유사한 행동을 보이는 AI 시스템을 학대하는 것이 비윤리적이라고 판단한다면, 로봇 학대를 방지하기 위한 법률을 제정해야 할까? 어떤 사람들은 AI는 진정한 의식이나 주관적 경험을 가지고 있지 않으므로 이러한 우려는 잘못된 것이라고 주장한다. 그러나 인간과 유사한 로봇이 광범위하게 학대당하면 사람들이 둔감해져 다른 사람과 동물을 대하는 방식에 영향을 미칠 수 있다고 우려하는 사람들도 있다.

이러한 윤리적 딜레마를 극복하기 위해서는 일련의 AI 윤리 가이드라인이 마련되어야 할 것이다. 이러한 가이드라인은 실제 고통과 단순한 고통의 시뮬레이션을 구분해 법적 보호가 잘못 적용되지 않도록 해야 한다. 로봇에게 권리를 부여하기보다는 로봇의 치료가 사회에 미치는 영향에 초점을 맞춰 AI 사용이 인간의 윤리적 행동과 일치하도록 규제를 마련해야 한다.

감정 표현 로봇에 대한 또 다른 우려는 로봇이 인간관계를 대체할 수 있다는 점이다. 로봇이 점점 더 동반자 역할을 할 수 있게 되면서 사람들은 다른 사람과 소통하는 것보다 기계와의 상호작용을 선호할 수 있다. 이는 특히 노인이나 장애인과 같은 취약 계층의 사회적 고립을 심화할 수 있다.

이를 방지하기 위해 AI는 인간의 상호작용을 대체하는 것이 아니라 지원하도록 설계되어야 한다. 정책 입안자들은 간병 역할에서 AI 동반자에 대한 과도한 의존을 제한하는 규정을 시행해야 한다. 또한 로봇 동반자가 더욱 발전하더라도 실제 사회적 관계를 유지하는 것이 중요하다는 점을 강조하는 대중 인식 캠페인도 도움이 될 수 있다.

의료 및 간병 분야에서 정서적으로 반응하는 로봇을 사용하면 치료의 질과 인간의 대체 가능성에 대한 윤리적 의문도 제기된다. AI 기반 로봇이 노인, 어린이 또는 장애인을 돌보는 데 도움을 줄 수는 있지만, 기업이 진정한 인간 돌봄보다 비용 절감 조치를 우선시할 위험이 있다. 로봇이 인간 간병인을 보완하는 것이 아니라 대체하는 데 사용된다면 의료 서비스에서 공감과 인간적 유대감의 수준이 떨어질 수 있다.

이러한 문제를 해결하기 위해 규제는 모든 AI 지원 간병 역할에서 인간의 감독을 요구해야 한다. AI는 인간의 업무를 대체하는 것이 아니라 보강하는 것으로 간주되어야 한다. 치료, 노인 돌봄, 보육과 같은 민감한 역할의 완전한 자동화를 방지하는 법적 틀을 구축하면 이러한 분야에서 인간의 연민이 중심을 유지할 수 있다.

AI와 로봇공학이 계속 발전함에 따라 고통과 감정을 시뮬레이션하는 로봇을 둘러싼 윤리적 문제를 신중하게 검토해야 한다. 의식의 착각, AI 권리의 문제, 로봇에 대한 인간의 의존성, 간병에서 AI의 윤리적 사용은 모두 신중한 규제와 공적 담론이 필요한 중요한 문제다. 인간의 존엄성과 책임을 강조하는 투명성 조치, 윤리적 설계 기준, 법적 틀을 구현함으로써 사회는 감정 표현 로봇이 제기하는 문제를 해결하는 동시에 긍정적인 기여를 할 수 있는 잠재력을 활용할 수 있다. 핵심은 이러한 기술이 윤리적 원칙을 훼손하거나 인간 관계의 중요성을 약화하지 않고 인간의 행복에 기여하도록 하는 것이다.

참고문헌

Uria-Recio, P.(2024). *How AI Will Shape Our Future: Understand Artificial Intelligence and Stay Ahead.* Pedro Uria-Recio.

Veliz, C.(2024). *The Oxford Handbook of Digital Ethics.* Oxford University Press.

09
사이보그로 통합되는 로봇

사이보그는 인간과 기계의 경계를 허물며 생물학적 신체와 기술이 융합된 존재로, 단순한 외부 도구인 로봇과 구별된다. 이 개념은 인간 정체성과 권력 구조를 재구성하는 철학적 개념으로 확장된다.
사이보그 기술은 어떤 윤리적 문제를 야기하는지 살펴보고, 이에 대한 해결책도 같이 제시한다.

AI와 기자?

로봇 대 사이보그: 확장 대 통합

빠르게 발전하는 기술 환경 속에서 인간의 능력과 기계의 기능 사이의 경계는 로봇과 사이보그(Cyborg)의 모습을 통해 점점 더 많이 탐구되고 있다. 둘 다 인간과 기술의 교차점을 대표하지만, 인간 신체와의 관계는 근본적으로 다르다. 인간의 행동을 대체하거나 증강하는 도구로 생각되는 로봇은 신체의 연장선상에 있다고 할 수 있다. 반대로 생물학적 형태인 신체에 기술이 통합된 사이보그는 신체가 사이보그의 연장선이 아니라 오히려 사이보그 자체를 구성한다는 점에서 다른 패러다임을 제시한다. 이러한 차이를 이해하는 것은 분리와 통합의 개념에 달려 있다.

로봇은 본질적으로 인간 사용자와 분리된 개체로 남아 있다. 자동차를 조립하는 복잡한 산업용 로봇이든, 의사가 안내하는 수술 장치이든, 원격 명령을 받아 화성을 탐사하는 탐사선이든, 로봇은 외부 도구로 기능한다. 로봇은 사람을 대신해 또는 사람의 지시에 따라 작동한다. 도달 범위, 힘, 정밀도, 감각 입력 또는 계산 능력을 증폭해 인간의 의지나 능력을 다른 방법으로는 관리할 수 없는 환경이나 작업에 투영하는 확장 역할을 한다. 팔의 힘을 확장하는 망치나 시야 범위를 확장하는 망원경을 생각하면 로봇은 이 원리의 훨씬 더 복잡한 버전이라고 할 수 있다. 중요한 요소는 외부성으로서, 인간은 로봇을 지시하거나 활용하지만 생물학적으로 구별되며 로봇의 존재 유무에 따라 변하지 않는다. 로봇은 분리된 인간의 신체가 할 수 있는 일을 향상한다.

사이보그, 즉 사이버네틱 유기체는 이러한 분리를 근본적으로 무너뜨린다. 사이보그의 가장 큰 특징은 인공 부품을 인간의 몸이라는 생물학적 시스템에 통합하는 것이다. 이것은 단순히 도구를 사용하는 것이 아니라 도구와 합쳐지는 것이다. 기술은 더 이상 외부의 것이 아니라 유기체 기능의 본질적인 일부가 된다. 음파를 신경 신호로 변환하는 인공와우부터 심장 박동을 조절하는 심박 조율기, 신경과 연결된 의수까지 다양한 예가 있다. 이러한 경우 기술은 단순히 사용되는 것이 아니라 신경계나 순환계와 같은 신체 고유의 생물학적 메커니즘과 직접 연결된다.

이러한 심오한 융합은 사이보그의 신체에 적용될 때 '확장'이라는 개념이 무너지는 이유다. 사이보그는 기술을 사용하는 원래의 생물학적 인간이 아니라 유기체와 인공 부품이 융합된 결과물인 하이브리드 개체다. 생물학적 구성 요소와 기술적 구성 요소가 통합된 상태의 신체가 사이보그를 구성한다. 인공 무릎은 렌치가 정비공의 그립을 연장하는 것과 같은 방식으로 임플란트를 장착한 사람을 연장하는 것이 아니라, 그 사람의 신체 구조와 이동성 시스템의 일부가 된 것이다. 임플란트가 부착된 유기적 다리 역시 연장된 것이 아니라 전체 존재의 또 다른 구성 요소일 뿐이다. 유기적 요소와 무기적 요소는 모두 사이보그 개체의 필수 부분이지 사이보그가 사용하는 외부 도구가 아니다.

로봇의 경우 인간과 기계의 경계는 명확하며, 기계는 외부 도구로서 고유한 인간 사용자의 능력을 확장하는 역할을 한다. 사이보그의 경우 통합을 통해 그 경계가 사라진다. 기술은 사용자의 일부가 되어 새로운 통합된 개체를 만들어 낸다. 따라서 로봇은 로봇을 지휘하는 인간의 신체를 확장한 것이지만, 사이보그의 신체는 유기적, 인공적 부품이 통합된 전체가 바로 사이보그다. 더 이상 확장할 별도의 순수한 생물학적 사용자가 존재하지 않고 통합된 존재 그 자체만 존재하기 때문에 확장된 것이 아니다.

사이보그의 정체

'사이보그(cyborg)'는 '사이버네틱(cybernetic)'과 '유기

체(organism)'가 혼합된 합성어다. 이 용어에서 암시되듯이, 사이보그는 인공적 요소와 생물학적 요소가 통합된 하이브리드 형태의 생명체다.

한마디로 사이보그 기술은 로봇공학을 인체로 확장한 것이다. 이러한 통합의 주요 목적은 인간의 잃어버린 기능을 복원하거나 기존 기능을 향상하는 것이다. 즉, 사이보그 기술은 결함을 해결하거나 인간 능력의 한계를 뛰어넘는 데 사용될 수 있다.

인공적 요소는 다양한 형태를 취할 수 있으며, 몇 가지 예를 들어 보자.

첫째는 팔다리 또는 신체 부위를 인공으로 제작해 잃어버리거나 손상된 부분을 대체하고 이동성 또는 기타 상실된 기능을 회복하도록 설계된 보철(prosthetics)이다. 둘째는 고장 나거나 기능을 상실한 생물학적 장기를 대체해 생명과 건강을 유지할 수 있는 인공 장기(artificial organ)다. 셋째는 청각용 인공와우 또는 운동 제어용 신경 임플란트 등 다양한 목적으로 신체 내부에 외과적으로 삽입되는 장치를 말하는 임플란트(implant)다. 넷째는 임플란트보다는 덜 침습적이지만 힘과 지구력을 증강해 착용자를 특정 측면에서 사이보그처럼 만들 수 있는 외골격과 같은 웨어러블 기술(wearable technology)이다.

사이보그라는 개념은 1960년 과학자 만프레트 클라인스(Manfred E. Clynes)와 네이선 클라인(Nathan S. Kline)이 처음으로 소개한 개념이다. 이들은 극한의 외계 환경에서 생존할 수 있도록 인체를 개조하는 수단으로 사이보그 기술을 구상했다. 외부 생명 유지 시스템에 의존하는 기존의 우주 탐사 접근 방식과 달리, 이들은 인간이 우주에서 자율적으로 기능할 수 있도록 생물학적, 기계적 개선을 제안했다.

우주 탐사에서 극복해야 할 주요 과제 중 하나는 방사선 노출이다. 지구 대기권 밖의 우주 방사선은 암과 세포 손상 가능성을 높이는 등 심각한 건강 위험을 초래한다. 클라인스와 클라인은 이러한 유해한 영향으로부터 우주비행사를 보호하기 위해 자동화된 시스템 형태의 사이보그 설루션을 구상했다. 이들은 실시간으로 피폭 수준을 모니터링할 수 있는 방사선 센서와 필요할 때 자동으로 보호 약품을 투여하는 삼투 펌프가 결합된 시스템을 제안했다. 이 시스템은 부피가 큰 보호막이나 지속적인 의료 개입 없이도 우주비행사가 방사선을 견딜 수 있는 능력을 향상할 수 있다(Clynes & Kline, 1960).

처음에는 위험을 완화하고 우주 탐험의 최전선을 가

능하게 하는 중요한 기술로 구상되었던 사이보그라는 개념은 곧 이러한 특정 기술적 기원을 넘어 더 광범위한 철학적, 사회적 담론을 불러일으켰다. 이러한 진화의 중추적인 순간은 1985년 도나 해러웨이(Donna Haraway)의 에세이 〈사이보그 선언(A Cyborg Manifesto)〉이 발표되었을 때였다.

해러웨이는 인간과 기술 사이의 경직된 경계에 대한 타당성에 이의를 제기하며 논의를 극적으로 전환했다. 그녀는 이미 이 둘의 상호 연결이 너무 심오해져 분리가 환상에 지나지 않는다고 주장하며 사이보그를 미래의 가능성이 아니라 현대 인간 정체성의 필수적인 부분으로 받아들여야 한다고 촉구했다(Haraway, 1985).

사이보그의 윤리적 문제와 그 해결책

사이보그 기술이 인간의 신체와 통합됨에 따라 다양한 윤리적 문제도 함께 제기된다.

첫째, 신체의 경계가 모호해짐으로써 인간 정체성에 대한 철학적 질문이 발생한다. 인간이란 무엇인가, 그리고 인간성과 기계성이 어디서 구분되는가 하는 문제는 점점 더 복잡해지고 있다. 예컨대, 인공 장기나 신경 임플란트를 통해 삶을 유지하거나 능력을 향상한 사람이

'완전한 인간'인지, 아니면 '부분적으로 기계화된 존재'인지에 대한 판단 기준은 불투명하다. 이는 인간의 존엄성과 권리와도 직결된다.

둘째, 기술 접근성과 형평성의 문제다. 사이보그 기술이 특정 계층이나 국가에 집중된다면, 기술을 접하지 못하는 이들은 생물학적 한계를 지닌 채 살아가야 하고, 이는 새로운 형태의 사회적 불평등을 야기할 수 있다. 특히 신체 능력을 극대화하는 기술이 군사나 산업 분야에 먼저 적용될 경우, 인간 사이의 경쟁력 격차가 비정상적으로 확대될 우려가 있다.

셋째, 프라이버시 침해와 감시의 문제도 심각하다. 신체에 삽입된 기술이 데이터를 수집하거나 외부와 연결될 수 있다면, 개인의 생리적 정보나 행동 패턴이 감시 대상이 될 수 있다. 이는 사이보그 기술이 단순한 도구를 넘어 생명권과 자유권을 위협할 수 있음을 의미한다.

이러한 윤리적 문제에 대응하기 위해 다음과 같은 해결책이 제안될 수 있다.

첫째는 윤리적 기준과 규제 마련이다. 사이보그 기술의 개발과 적용에는 명확한 윤리적 가이드라인이 필요하다. 생명윤리학, 기술윤리학, 법학 등 다양한 분야의 전문가가 참여한 다학제적 논의와 국제 협약이 요구된다. 기술이 인간의 존엄성을 침해하지 않도록 규범적 기준이 마련되어야 한다.

둘째는 기술 접근성의 공공성 보장이다. 사회적 불평등을 막기 위해 공공 보건 시스템이나 국제기구가 사이보그 기술의 보급과 적용을 공정하게 조정해야 한다. 특히 장애인, 노인 등 기술 수혜가 절실한 이들이 소외되지 않도록 배려해야 한다.

셋째는 프라이버시 보호 기술 병행 개발이다. 개인정보가 외부로 유출되거나 악용되지 않도록, 보안 기술과 데이터 주권 보장 장치가 함께 개발되어야 한다. 사용자는 자신에게 통합된 기술이 어떤 데이터를 수집하는지 알 권리가 있으며, 그것을 통제할 권한도 가져야 한다.

넷째는 기술 철학 교육의 확대다. 사회 구성원 모두가 기술 변화의 철학적, 윤리적 함의를 숙고할 수 있도록, 학교와 사회 교육에서 기술과 인간성에 대한 비판적 사고를 기르는 교육이 병행돼야 한다.

이와 같이, 사이보그 기술은 인간의 가능성을 확장하는 동시에, 우리가 인간으로서 갖는 권리와 정체성의 경계를 재정의하게 한다. 따라서 기술의 진보는 윤리적 성찰과 함께 이루어져야 하며, 미래의 사이보그 사회가 인간 존엄을 중심에 두는 방향으로 나아가야 할 것이다.

참고문헌

Clynes, M. & Kline, N.(1960). Cyborgs and space. *Astronautics*, pp.26~27, 74~76.

Danaher, J.(2019). *Automation and Utopia: Human Flourishing in a World without Work*. Harvard University Press.

Haraway, D.(1985). A cyborg manifesto. *Socialist Review*.

10
불쾌한 골짜기 속의 로봇

일본의 로봇공학자 마사히로 모리가 1970년에 제안한 '불쾌한 골짜기' 개념을 중심으로, 인간과 유사한 로봇이나 디지털 캐릭터가 인간에게 불안감이나 거부감을 줄 수 있는 심리적 반응과 그 원인, 그리고 이를 회피하기 위한 전략을 다룬다. 또한 이 현상이 로봇공학, 디지털 치료, 영화, 게임 등 다양한 분야에 미치는 영향과, 로봇 디자이너들이 이 효과를 피하기 위한 설계 원칙들도 자세히 설명한다.

AI와 미래 의사?

불쾌한 골짜기의 기원

'불쾌한 골짜기(uncanny valley)'는 1970년 일본의 로봇 공학 교수 모리 마사히로(Masahiro Mori, 森政弘, 1927~2025)가 처음 제안한 심리학의 개념이다. 불쾌한 골짜기는 로봇에 대한 인간의 감정적 반응, 특히 로봇이 인간과 더 닮아 감에 따라 이러한 감정적 반응이 어떻게 변화하는지를 탐구한다.

'인간과 비슷할수록 더 긍정적인 반응'이라는 단순한 선형 관계가 아니라 다음과 같은 특정한 패턴이 발견된다.

첫째, 낮은 인간 유사성은 긍정적인 반응을 일으킨다. 겉으로 봤을 때 인간이 아닌 로봇(가령, 박스형 산업용 로봇)은 중립적이거나 심지어 약간 긍정적인 반응을 불러일으킬 수 있다. 이 경우 우리는 인간과 같은 행동이나 상호작용을 기대하는 것이 아니라 로봇을 인간에게 유익한 도구나 기계로 간주한다.

둘째, 로봇과 인간 간의 유사성이 증가하면 로봇에 대한 우리의 감정적 반응은 일반적으로 더 긍정적으로 변한다. 로봇이 더 살아 있는 것처럼 보이거나 친근하게 느껴질수록 더 많은 공감과 유대감을 느낀다.

셋째, 이러한 긍정적인 추세가 무한정 지속되는 것이

아니라, 골짜기에 접근하는 단계에서는 긍정성은 증가하지만 긴장감도 함께 증가한다. 로봇이 사실적인 피부 질감, 미묘한 표정, 더 유연한 움직임을 가지면서 로봇의 인간다움이 증가하면 역효과를 내는 지점이 존재한다. 이는 긍정성이 높아지는 대신 감정적 반응이 부정적인 영역으로 급락하는 지점이다.

넷째, 불쾌한 골짜기에 다다르면 강한 부정적 감정이 생긴다. 인간과 거의 비슷하지만 완벽하지는 않은 특정 지점에서 우리의 감정적 반응은 급격히 떨어진다. 이때는 무언가 이상하거나 소름 끼친다는 섬뜩함의 느낌, 혐오감, 불안감이 들고, 경우에 따라 강한 두려움이나 위협을 느끼기도 한다.

다섯째, 골짜기를 지나 인간 유사성이 계속 증가해 실제 인간과 거의 구별할 수 없는 지점에 도달하면 감정적 반응이 다시 긍정적으로 변할 수 있다. 우리는 (이론적으로) 그 개체를 본질적으로 인간으로 받아들일 것이다.

불쾌한 골짜기는 그래프에서 만들어지는 모양 때문에 붙여진 이름이다. X축은 인간 유사성의 증가를 나타내고, Y축은 우리의 감정적 반응(긍정 또는 부정)을 나타낸다. 그래프는 상승 추세(긍정성 증가)를 보이다가 갑자기 급격히 하락(골짜기)한 후 다시 상승해 완벽한 인간 복제에 가까워질 가능성이 있음을 보여 준다. 골짜기는 부정적 감정 반응이 나타나는 영역이다.

모리 마사히로의 불쾌한 골짜기라는 개념은 로봇과 AI를 설계하는 데 중요한 점을 시사한다. 인간은 일반적으로 인간과 유사한 특징을 가진 로봇에 편안함과 매력을 느끼지만, 인간과 너무 닮은 로봇은 불안하거나 섬뜩한 느낌을 주는 임곗값이 있다. 이러한 불쾌한 골짜기 효과를 피하려면 디자이너는 로봇이 실제 인간과 구별되도록 하면서도 인간과 유사한 특성 사이의 균형을 신중하게 유지해야 한다. 즉, 로봇이 인간의 정확한 복제품이 되기보다는 인공적인 것으로 인식될 수 있어야 한다.

모리는 의료, 고객 서비스, 동반자 등 다양한 분야에서 사회가 로봇을 받아들일지 거부할지를 결정하기 때문에 이러한 균형을 찾는 것이 필수라고 주장한다. 로봇이 너무 부자연스러울 정도로 인간과 비슷해 보이면 수용 대신 불편함이나 혐오감을 유발할 수 있다. 따라서 로봇을 사회에 원활하게 통합하기 위해서는 적절한 수준의 인간 유사성을 확보하는 것이 중요하다.

불쾌한 골짜기의 존재 이유

그렇다면 왜 사람들은 로봇에서 불쾌한 골짜기를 경험

하는 것일까? 불쾌한 골짜기에 대해 보편적으로 받아들여지는 설명은 없지만 몇 가지 이론이 이 현상을 설명하는 데 도움이 된다. 이런 이론은 크게 두 가지 진영으로 나뉜다. 하나는 불쾌한 골짜기 효과가 우리의 생물학에 뿌리를 두고 있다는 입장이다. 그런 효과가 어쩌면 이상해 보이거나 병든 것에 대한 진화적 반응으로 위험을 알리는 신호라는 것이다. 다른 입장은 미디어나 양육 환경이 인간의 외모와 행동에 대해 기대하는 바를 형성하는 방식과 같은 문화적 요인에서 비롯된다고 생각한다.

첫째는 모호함 이론이다. 어떤 사람들은 불분명하거나 모호한 무언가를 마주했을 때, 특히 우리가 보고 있는 것이 사람인지 아닌지 확실하지 않을 때 불편함이나 소름이 끼친다고 생각한다. 플라스틱 같은 얼굴, 로봇 같은 움직임, 이상한 눈 등 인간과 매우 비슷해 보이지만 눈에 띄는 차이가 있을 때 심리적 긴장감을 유발한다. 우리의 뇌는 그 인물을 분류하려고 하지만 잘 분류하지 못하고 이 해결되지 않은 갈등이 우리를 불안하게 만든다. 영화 제작자는 의도적으로 불쾌한 골짜기 효과를 사용해 영화를 더 무섭게 만든다.

둘째는 지각 단서의 불일치 이론이다. 이 이론은 불쾌한 느낌이 서로 다른 지각 단서 간의 충돌로 인해 발생한다고 주장한다. 예를 들어, 로봇은 인간처럼 보이지만 움직임이 약간 삐걱거리거나 부자연스러울 수 있다. 시각적 사실성과 행동적 사실성 사이의 이러한 불일치는 인지적 부조화와 불안감을 유발한다. 우리의 뇌는 인간을 인식하도록 연결되어 있으며, 이러한 상충되는 신호는 무언가 잘못되었다는 느낌을 유발한다는 것이다. 또한 로봇처럼 보이고 로봇처럼 들리는 로봇이나 인간처럼 보이고 인간처럼 들리는 인간은 괜찮지만, 로봇이 인간의 목소리를 낼 때 이러한 불일치는 불편함을 유발한다. 그 이유는 로봇이 로봇처럼 들리기를 기대하는 우리의 기대에 어긋나기 때문이며, 인간이 아닌 형태에서 인간의 목소리를 들으면 으스스하거나 부자연스럽게 느껴지기 때문이다.

셋째는 생존 반응 이론이다. 모리 마사히로와 다른 연구자들은 불쾌한 골짜기가 죽음과 질병의 잠재적 위협에 대한 혐오적이고 진화된 반응이라고 제안했다. 즉, 우리가 인간처럼 보이는 로봇에게서 느끼는 불편함이 우리 생존에 대한 생물학적 방어 기제라는 것이다. 생기가 없는 눈이나 뻣뻣한 움직임을 가진 로봇처럼, 인간처럼 보이지만 약간 이상하거나 부자연스러운 형체를 보면 우리의 뇌는 무의식적으로 그것을 시체와 연관시킬 수 있다. 이는 시체나 매우 아픈 사람이 근처에 있을 때 느끼는 것과 비슷한 반응, 즉 불편함, 위험, 심지어 혐오감까지 유발한다.

넷째는 범주 불확실성 이론이다. 일부 연구자들은 불쾌한 골짜기의 느낌이 무언가를 범주화하려는 우리의 노력, 특히 우리가 보고 있는 것이 인간인지 아닌지 확실하지 않을 때 발생하는 것으로 보고 있다. 이러한 불확실성 자체가 불안감을 유발할 수 있다. 우리 머릿속에서 '인간'과 '비인간'은 일반적으로 명확한 범주로 간주된다. 어떤 것은 둘 중 하나이거나 다른 하나이지 둘 다는 아니다. 어떤 개체가 그 선을 넘나드는 것처럼 보이면(거의 인간적이지만 그렇지 않은 것처럼 보이면) 정신적 갈등이 생긴다. 이를 인지 부조화라고 하며, 이는 종종 우리를 불안하거나 불편하게 만든다. 사람들은 상충되는 신념을 가지고 있을 때 심리적 불편함을 느끼는 경향이 있다. 뇌가 동시에 두 가지 모순되는 것을 믿으려고 하면 정신적 스트레스나 불편함을 유발하는 것이다.

어떤 개체가 인간이라는 믿음과, 인간이 아니라는 믿음 사이에 충돌이 있다. 때때로 실체는 보는 방식에 따라 변하는 것처럼 보인다. 한순간은 진짜처럼 보이지만 다음에는 이상하게도 가짜처럼 보이기도 한다. 이러한 오락가락하는 지각은 혼란과 불편함을 더욱 심화한다.

불쾌한 골짜기의 영향력

인간을 닮은 로봇이 우리에게 불안을 불러일으키는 현상인 불쾌한 골짜기 효과는 심리학뿐만 아니라 실제 산업 등 여러 분야에 영향을 미친다.

먼저 로봇공학 분야에서 보자면, 로봇이 일상생활에 점점 더 많이 통합됨에 따라 로봇의 디자인이 인간과 닮지 않아 불편함이나 의심과 같은 부정적인 감정 반응을 유발하지 않도록 하는 것이 중요하다. 이 문제는 특히 장애인을 돕는 로봇과 같은 보조 기술과 관련이 있다. 이러한 사용자는 기술에 더 의존할 수 있으므로 도구가 정서적으로 수용 가능하고 편안하게 상호작용할 수 있어야 한다. 인간은 기능적일 뿐만 아니라 불쾌하거나 소름 끼치는 로봇이 아닌 유쾌하거나 친숙한 로봇에 더 긍정적으로 반응한다. 로봇의 외형이 인간과 비슷하지만 설득력 있게 인간적이지 않은 경우, 사람들은 로봇이 유용하더라도 거부감을 느끼거나 사용을 기피할 수 있다. 따라서 디자인은 사용자 채택에 중요한 역할을 한다.

다양한 온라인 상황에서 사용되는 캐릭터인 디지털 아바타 분야에도 불쾌한 골짜기 효과가 작용한다. 디지털 아바타는 여러 분야에서 사용되며, 특히 챗봇이나 원격 치료처럼 사람과 같은 상호작용이 필요하지만 물리적으로 불가능한 곳에서 사용된다. 온라인으로 진행되는 치료, 특히 이메일이나 채팅과 같은 텍스트 기반 형식의 치료에서 디지털 아바타는 치료사와 내담자 간의 상호작용을 향상하는 일종의 시각적 또는 상징적 존재로 사용된다. 아바타를 잘 디자인하면 디지털 환경에서도 내담자가, 더 많이 연결되고 지원받고 있으며 이해받고 있다고 느끼게 함으로써 관계를 향상할 수 있다. 그러나 디지털 아바타가 설득력 있게 인간적이지 않고 너무 생생하면 불쾌한 골짜기 효과를 유발해 신뢰와 정서적 연결을 방해하는 불편함을 유발할 수 있다.

인간에 가까운 로봇은 치료의 핵심 요소인 호감도와 신뢰도에서 낮은 점수를 받는 경향이 있다. 따라서 신뢰가 치유와 개방성을 위해 필수적인 정신 건강 지원에서 기괴한 아바타는 잠재적인 위험 요소가 될 수 있다.

영화 분야에서도 불쾌한 골짜기 현상이 등장한다. 예산이 많이 들어가는 블록버스터 영화에서는 시각 효과, 캐릭터 또는 환경을 만들기 위해 CGI(Computer Generated Imagery)를 점점 더 많이 사용하고 있다. CGI 사용 증가에 따라 영화 제작자들은 이러한 애니메이션을 보다 자연스럽고 인간처럼 보이면서도, 불쾌한 골짜기에 빠지는 것과 같은 불안감이나 불편함을 유발하지 않는 애니메이션을 만들기 위해 노력하고 있다.

픽사나 드림웍스 등의 애니메이션 영화에는 종종 지나치게 큰 눈과 극적으로 과장된 이목구비 등 과장되고 만화 같은 인간 캐릭터가 등장한다. 비평가들은 이러한 디자인이 현실적이지 않다고 말하지만, 이는 실제 인간과 너무 가까워지는 것을 피하고 불쾌한 골짜기 효과를 피하기 위한 의도적인 선택이다.

불쾌한 골짜기는 비디오 게임에서 플레이어가 사실적인 캐릭터에 반응하는 방식에도 영향을 미칠 수 있다. 비디오 게임에서 플레이어는 종종 실제 사람처럼 보이고 움직이도록 설계된 캐릭터와 상호 작용한다. 그러나 이러한 캐릭터가 거의 사실적이지 않은 경우, 플레이어는 불쾌한 골짜기에 빠지게 되어 불편함이나 섬뜩함을 느낄 수 있다.

이는 플레이어가 캐릭터에 감정적으로 반응하는 방식에 영향을 미친다. 흥미롭게도 게임 디자이너는 의도적으로 불쾌한 골짜기 효과를 사용해 악당이 소름 끼치거나 불안하게 느껴지도록 만들 수 있다. '공감'과 반대되는 용어인 '위화감'은 감정적 거리감이나 심지어 혐오감을 의미한다. 디자이너는 악당을 인간처럼 보이지만 약간 떨어져 보이게 만들어 플레이어의 부정적인 감정 반응을 유발해 캐릭터가 불쾌하거나 사악하다는 느낌을 강화할 수 있다.

불쾌한 골짜기를 피하는 방법

가정, 병원, 직장에서 더 많이 로봇에 의존함에 따라, 전문가들은 로봇을 덜 소름 끼치고 인간이 상호작용하기에 더 편안하게 만드는 방법, 즉 불쾌한 골짜기 효과를 유발하지 않는 방법을 알아내려고 노력하고 있다.

한 가지 전략은 로봇을 생생하게 만들어, 불쾌한 골짜기를 완전히 건너 섬뜩하기보다는 자연스럽고 매력적으로 느껴지도록 완전히 인간과 비슷하게 만드는 것이다.

디자이너가 로봇이나 애니메이션을 제작할 때 불안해 보이는 효과를 피할 수 있도록 연구자들이 제안하는 구체적인 가이드라인이나 모범 사례가 있다.

첫째, 무언가를 사람처럼 보이게 만들려면 신체 비율(얼굴 모양, 눈 간격 등)과 표면 디테일(피부 질감 등)이 실제 인체 해부학과 일치해야 한다. 그렇지 않으면 어색해 보인다. 둘째, 눈은 과장되었지만 피부는 매우 사실적인 캐릭터처럼, 만화적인 특징과 사실적인 특징을 혼합하지 않아야 한다. 이러한 불일치는 불편함을 유발한다. 셋째, 로봇의 외모, 움직임, 행동 방식이 모두 일치해야 한다. 인간처럼 보이지만 기계처럼 움직인다면 그 불일치는 소름 끼치는 느낌을 준다. 로봇이 너무 딱딱하게 말하거나 부자연스럽게 행동하는 것도 마찬가지다. 넷째, 인간의 외모를 모방하지 않는 도구나 장치를 개발하는 것이다. 예를 들어, 룸바나 알렉사와 같은 로봇은 사람처럼 보이지 않으므로 불쾌한 골짜기를 완전히 피할 수 있다. 인간처럼 보이지 않는 디자인에 의존하면 로봇 장치와 상호작용하는 사람들을 소외시키거나 반항하게 할 위험 없이 더 매력적으로 보일 수 있다.

참고문헌

Manzocco, R.(2019). *Transhumanism – Engineering the Human Condition: History, Philosophy and Current Status*. Springer.

Uria-Recio, P.(2024). *How AI Will Shape Our Future: Understand Artificial Intelligence and Stay Ahead*. Pedro Uria-Recio.

Veliz, C.(2024). *The Oxford Handbook of Digital Ethics*. Oxford University Press.

김동환

해군사관학교 영어과 정교수다. 경북대학교에서 박사학위를 받았다. 인문학과 인지과학을 아우르는 융합 학문의 시각으로 오늘날의 복잡다단한 사회 현상을 이해하고 분석하기 위해 연구 중이다. 주요 저서로 《개념적 혼성 이론》(2002, 학술원 우수학술도서), 《인지언어학과 의미》(2005, 문화관광부 우수도서), 《환유와 인지》(2019, 세종도서 학술부문 선정), 《생태인문학을 향한 발걸음》(2024, 세종도서 학술부문 선정), 《인지인문학을 향하여》(2024, 학술원 우수학술도서), 《인공지능, 트랜스휴먼, 사이보그》(2024), 《인공지능과 기술적 실업》(2025), 《술과 인간의 확장》(2025) 등이 있다. 주요 번역서로 《우리는 어떻게 생각하는가》(2009, 학술원 우수학술도서), 《애쓰지 않기 위해 노력하기》(2018, 세종도서 교양부문 선정), 《생각의 기원》(2019), 《애니메이션, 신체화, 디지털 미디어의 융합》(2020, 세종도서 학술부문 선정), 《뉴 로맨틱 사이보그》(2022), 《아티스트 인 머신》(2022), 《휴먼 알고리즘》(2022), 《트랜스휴머니즘의 역사와 철학》(2023), 《생각을 기계가 하면, 인간은 무엇을 하나?》(2023), 《몸의 지혜》(2024), 《실리콘밸리 길들이기》(2025) 등이 있다.